Andrea Schwarz

Bleib dem Leben auf der Spur

ANDREA SCHWARZ

Bleib dem Leben auf der Spur

Unterwegs nach Afrika

HERDER

FREIBURG · BASEL · WIEN

Für Angelo –
danke für dich, deine Freundschaft und dafür,
dass es mit dir nie langweilig wird

und für die Missionsschwestern vom Kostbaren Blut (CPS)
in Mariannhill, iXopo, Mthata, Emaus und sonstwo auf der Welt –
danke, dass ich bei euch ein wenig Heimat
im Unterwegssein finden darf

Lieber Leser, liebe Leserin,

es war bei einem Kurs im vergangenen Jahr. In der Vorstellungsrunde sagte ein Teilnehmer: »Als ich gehört habe, dass Andrea Schwarz das Seminar leitet, hab ich gedacht, ›die muss doch inzwischen uralt sein – die hab ich doch schon in meiner Jugend gelesen!‹«

Na ja – ganz so uralt bin ich wohl noch nicht, ich werde fünfundfünfzig dieses Jahr … aber das mit »in der Jugend gelesen«, das kann schon stimmen. Mein allererstes Buch »Ich mag Gänseblümchen« erschien vor genau fünfundzwanzig Jahren – und da waren eben nicht nur ich, sondern auch manche Leser um einiges jünger, zumindest was das konkrete Alter als Datum angeht.

Die »Gänseblümchen« gibt es nach fünfundzwanzig Jahren immer noch als Buch – erstaunlich genug! –, das Buch, das vor fünf Jahren zu meinem fünfzigsten Geburtstag erschien und auch eine Art Rückblick auf diese zwanzig Jahre als Schriftstellerin war, »Bleib dem Leben auf der Spur – Geschichten von unterwegs«, ist beim Verlag vergriffen. Und dann kam schnell die Frage auf: Soll man wirklich ein Buch, das zu meinem 20-jährigen Verlagsjubiläum erschienen ist, noch mal genauso auflegen, obwohl in diesem Jahr das 25-jährige Jubiläum ansteht? Andererseits war dieses Buch damals schon auch so eine Art Rückblick … und ich kann ja meine Vergangenheit nicht komplett neu erfinden, nur weil aus zwanzig Jahren jetzt fünfundzwanzig Jahre geworden sind. So haben wir, der Verlag und ich, uns zu einer Neubearbeitung entschlossen, in die die wesentlichen Texte der ersten Ausgabe mit einfließen sollten – aber ergänzt um die Ereignisse der letzten fünf Jahre in meinem Leben. Und die waren und sind ja nun wirklich spannend genug: »Unterwegs nach Afrika«!

Seit 2009 bin ich mehrmals im Jahr für jeweils sechs bis acht Wochen in Mariannhill, einem Kloster in der Nähe von Durban in Südafrika, und gebe dort Kurse und begleite die Schwestern spirituell. Ich darf viele interessante, spannende Erfahrungen machen – und darf Aufbruch noch einmal neu leben und erleben! Und das immerhin in einem Alter, in dem ich zwar noch nicht »uralt« bin, aber in dem andere die Tage bis zur Rente zählen. Und wenn ich auf fünfundzwanzig Jahre Schriftstellerei zurückschaue, dann gehören eben auch diese letzten fünf Jahre mit dazu!

Ja, diejenigen unter Ihnen, die die erste Ausgabe gekauft haben, werden manche Texte entdecken, die Sie schon kennen, vielleicht auch manches vermissen, was Ihnen wichtig war. Dafür bekommen Sie stattdessen sozusagen ein »lebendiges« Buch, ein Buch, das mit seinen Texten auch meinen Weg aktuell mitlebt und nachzeichnet, Sie einlädt zu meinen Erfahrungen. Und diejenigen, die das erste Buch noch nicht kennen, bekommen gleich die ganzen fünfundzwanzig Jahre mit – und kaufen nicht ein Buch, das eigentlich schon fünf Jahre alt ist.

Ich denke einfach, dass Sie als Leser wissen sollten, warum dieses Buch so ist, wie es ist. Deswegen ist auch der Titel der gleiche geblieben … es ist halt nun mal kein ganz neues Buch. Aber es ist zugleich der Grund, warum es einen anderen Untertitel und einen anderen Einband hat, ein bisschen aktueller ist es eben schon.

Jetzt müssen Sie entscheiden, ob Sie es trotzdem kaufen und lesen wollen. Ich habe meine Entscheidung jedenfalls getroffen – ich finde die letzten fünf Jahre meines Lebens so spannend, dass es mir wert war, dieses Buch auf aktuellen Stand zu bringen.

Und neugierig bin ich jetzt schon, ob Sie Lust haben, mit mir mitzukommen – auf dem Weg nach Afrika!

Andrea Schwarz

Frage an die Autorin: Welche Frage würden Sie am liebsten einmal gestellt bekommen?

Antwort: Mit welchen zehn Wörtern würden Sie Ihr Leben beschreiben?

Und – welche zehn Wörter wären das?

Lassen Sie mich ein wenig nachdenken – Gott, Liebe, Freundschaft, Heimat, Hingabe, Dunkel, Freiheit, Hoffnung, Dankbarkeit, Lebendigkeit.

Aus diesen zehn Wörtern, genau in der Reihenfolge, haben sich damals, vor fünf Jahren, die Kapitel des Buches ergeben – Gott will zur Lebendigkeit führen.

Aber ich denke, es gilt auch andersherum: Wer wirklich lebendig ist, der kommt früher oder später zu der Frage nach Gott oder dem »Göttlichen«. Der gibt sich mit Vordergründigem nicht mehr zufrieden, der fragt nach »mehr«. Deshalb probieren wir es doch diesmal einfach andersherum: Kommt man irgendwie von der »Lebendigkeit« zu »Gott«? Und was könnte das Ganze mit Afrika zu tun haben?

Heimweh nach Afrika

ich habe Heimweh nach Afrika
habe Heimweh nach den endlosen Weiten
mit braungrünem Savannengras
habe Heimweh nach dem Licht der Abenddämmerung
wenn die Giraffen langsam zum Wasserloch ziehen
die Löwen auf ihre stille Jagd gehen
ein Elefant als dunkler Fels unter einem Baum döst
ich habe Heimweh nach dem schnellen Lauf der
    Antilopenherde
nach dem Röhren der Flusspferde in der Nacht
nach den Trommeln
die von fern herüberklingen
ich habe Heimweh nach der Musik
die so fremd und irgendwie doch vertraut ist
habe Heimweh nach der farbenprächtigen Lebendigkeit
der Plätze und Straßen
dem freundlichen Lächeln
den strahlenden Augen in einem dunklen Gesicht
ich habe Heimweh nach Afrika

jeder hat Heimweh nach Afrika
auch wenn er noch nie dort war
der Zauber die Sehnsucht
das Fremde das Geheimnis
kein Touristenprogramm
mein unentdeckter Kontinent
voll Zusagen und Gefahren

mit Erwartung und Hoffnung
Angst und Bangen
mich neu verweisen lassen
auf die Wurzeln des Seins
mich aussetzen riskieren
suchen
um zu finden
vielleicht
ich habe Heimweh nach Afrika

und jeder von uns ist Afrika
ich selbst bin mein unentdeckter Kontinent
in mir begegne ich dem Fremden dem Anderen
das zugleich so vertraut zu sein scheint
in mir lebt das Ursprüngliche
und ich suche mich
voll Angst und Bangen
mit Träumen und Hoffnungen
voll Erwartung auf Leben
mit Sehnsucht nach Sein
und da ist ein Bild
ein Klang
da sind Wortfetzen
da sind Berührungen
und da ist die Sehnsucht
endlich heimzukommen

ich habe Heimweh nach Afrika

INHALT

LEBENDIGKEIT

Sie hat Frieden geschlossen mit den Grenzen des Lebens und ist doch so voller Leben, ein Schiff, das etwas mitgenommen ist vom Sturm, aber ein Schiff auf hoher See und vor dem Wind liegend, und jeder, der den Blick dafür hat, würde darauf wetten, dass es da ankommt, wohin es will, oder vielleicht irgendwo anders, an einer fremden Küste eines fremden Kontinentes, in dem es sein Glück macht.
Luise Rinser

So spricht Gott, der Herr: Ich öffne eure Gräber und hole euch heraus aus euren Gräbern als mein Volk; ich bringe euch in das Land Israel. Ich lege meinen Lebensatem in euch hinein, dass ihr lebendig werdet, und bringe euch in euer Land.
Ezechiel 37,12–14

Gott ist nicht zuständig für das Glück, sondern für das Leben. Das aber ist mehr, unsagbar viel mehr!
Tagebuch vom 6. April 2005

Was du auf dem Feld deines Lebens anbaust, ist wichtiger als die Größe des Feldes.
Sprichwort aus Afrika

Übergang

die Zeichen
mehren sich

das Boot
liegt schon am Ufer

Altes
trägt nicht mehr

weil Neues
wird

und ich
fange an

Abschied
zu nehmen

und wieder
brech ich auf

und lass
los

mit Protest
und unter Schmerzen

und einem ersten Ahnen
dass am anderen Ufer

andere Blumen
blühen

5. Juli 2002

Es war an einem Abend im Herbst 2005. Zusammen mit dem
Verleger, Verlagsmitarbeitern und Freunden feierten wir das
20-jährige Jubiläum des Buches »Ich mag Gänseblümchen«.
Und in seiner Laudatio wies der Lektor des Verlags dezent darauf hin, dass wir zwar an dem Abend zwanzig Jahre »Gänseblümchen« feierten, aber dass mein Buch zu genau diesem
Jubiläum eigentlich mit den Textzeilen endete: »… und einem
ersten Ahnen, dass am anderen Ufer andere Blumen blühen!«

Nein, es war nicht beabsichtigt, es war nicht bewusst so
von mir »geschrieben« worden – aber wenn ich zurückschaue, dann ist es genau so eingetroffen. Klar, ich mag Gänseblümchen noch immer … aber da gibt es inzwischen auch
andere Blumen in meinem Leben, Blumen, deren Namen ich
noch nicht einmal kenne, Blumen in Südafrika.

Denn das »andere Ufer« ist für mich in den letzten Jahren
Südafrika geworden – und seit einiger Zeit lebe ich sozusagen »mit einem Bein in Deutschland« und »mit einem Bein
in Südafrika«. Und diese beiden Ufer werden durch den
»Fluss der Lebendigkeit« verbunden – einen Fluss, der einen
manchmal mitreißt und den Atem nimmt und in dem man
manchmal mitten im Leben seinen Frieden findet.

Und die Erfahrung kenne ich gut – Übergang ist angesagt: Alle paar Jahre erwischt es mich. Dann werde ich plötzlich unruhig. Ich spüre, da kommt etwas Neues auf mich zu, etwas Altes, bisher durchaus Bewährtes trägt nicht mehr. Da stellt einer eine Frage – und ich komme ins Nachdenken. Da wächst eine Idee in mir heran – und lässt mich nicht mehr los. Da werden Pläne durchkreuzt – und Neuorientierung steht an.

Aufbruch ist angesagt. Nicht immer freiwillig, nicht immer besonders lustvoll, oft mit Angst besetzt, mit Trauer und Abschied und doch irgendwie reizvoll.

Die Zeit im ruhigen Hafen war schön – jetzt lockt das Meer, das Neue, das Andere, das Unbekannte.

Vor
dem Wind

wenn
du
voran
kommen willst

dann musst du
den sicheren Hafen
der Bequemlichkeit
der Geborgenheit
der scheinbaren Ruhe
verlassen

wag dich
hinaus
stell dich
dem Wind

mach die Leinen los
bestimme den Kurs
richte die Segel aus
und trau dich

nur
wer losfährt
wird
ankommen

Ja, damals vor fünf Jahren haderte ich ein wenig damit, fünfzig Jahre alt zu werden, spürte deutlich, dass manches in
meinem Leben nicht mehr so einfach war wie noch vor dreißig Jahren – und bekam das erste Mal in der Apotheke den
»Seniorenratgeber« eingepackt. Und da kann man ja schon
ins Nachdenken kommen …

Und genau in der Situation fragte mich Angelo, der südafrikanische Priester und Freund, mit dem ich hier in Viernheim zusammen arbeitete, ob ich es mir vorstellen könnte,
irgendwann mal in Südafrika zu arbeiten. Ein bisschen verfangen in meiner leichten »midlife-Depression« erklärte ich
ihn erst einmal für vollkommen verrückt – ich bin doch viel
zu alt für so was! – aber dann kam ich doch so langsam ins
Nachdenken. Hallo, ich bin grad mal fünfzig und keine acht-

zig! Ich bin vielleicht nicht so gesund, wie mein Arzt es gerne hätte – aber auch nicht so krank oder so alt, um nicht noch einmal etwas Neues zu wagen!

Warum eigentlich nicht? Warum eigentlich nicht Südafrika? Noch einmal Aufbruch wagen? Noch einmal etwas ganz Neues und Anderes probieren?

Es muss ja nicht gleich eine Entscheidung für den Rest meines Lebens sein – aber für ein paar Jahre? Ich liebe das Land, ich mag die Menschen dort – warum nicht einige Zeit dort verbringen, unterstützen, wo man unterstützen kann, Erfahrungen sammeln, lernen, sich Neuem aussetzen?

Aber: Ich war hier noch gebunden. Die Verantwortung meiner Mutter gegenüber, die tapfer mit Anfang achtzig ihr Leben lebte, und auch den beiden Gemeinden gegenüber, in denen ich mitarbeitete.

Ja … irgendwann einmal … vielleicht …

Und dann starb meine Mutter im Dezember 2006 – und nach all dem Chaos mit Wohnungsauflösung & Co. stand die Frage plötzlich wieder im Raum: Warum eigentlich nicht Südafrika? Warum nicht noch einmal das ganz Andere wagen? Aus der Sicherheit heraus neu aufbrechen? Sich probieren?

ich hab noch
lust auf leben

nicht mehr
jede herausforderung
annehmen

aber noch einmal
die koffer packen
und unterwegs sein

um mich
zu spüren
und

das
was
trägt

22. Juni 2007

Ich kann mich entscheiden – für die Herausforderungen des
Lebens oder die Bequemlichkeit. Für die Wanderschuhe oder
die Pantoffeln. Für Rucksack oder Eigenheim.

Wahrscheinlich braucht es beides in meinem Leben –
das eine und das andere. Die Pantoffeln und das Eigenheim
haben etwas durchaus Verführerisches – und gerade weil
der Aufbruch ins Neue und Unbekannte manchmal Angst

machen kann, neige auch ich manchmal zu Pantoffeln und Eigenheim. Und dann bleiben wir sitzen in der Schule des Lebens ...

Aber was ist eigentlich aus meinen Träumen geworden?

Manchmal, am Beginn eines neuen Jahres oder an einem Geburtstag, schaut man nach vorne, hat die Zukunft im Blick, nimmt sich etwas vor.

Aber reicht das wirklich?

Ich habe noch mal eine ganz andere Lektion gelernt.

Wir feierten den sechzigsten Geburtstag einer Freundin – es war eine schöne, wirklich runde Sache. Irgendwann, morgens so gegen ein Uhr, war nur noch ein »harter Kern« von Gästen übrig geblieben. Der Gastwirt räumte so langsam ein wenig auf, ein Grappa stand auf dem Tisch, der Musiker kündigte ein letztes Lied an.

Irgendwie kamen mir die ersten Töne dieses Liedes sehr bekannt vor, sie berührten mich, ohne dass ich es hätte erklären können – und so nahm ich kurzerhand meine Zigaretten und den Grappa und verzog mich auf die Terrasse, wo ich die Musik zwar noch hören konnte, aber auch ungestört war.

Ja, das war ein Lied, das mich vor langer, langer Zeit sehr bewegt hat! Und ich konnte den Text tatsächlich noch auswendig, obwohl ich ihn seit Ewigkeiten nicht mehr gehört hatte: »On a wagon bound for market ...« – das alte »Donna, donna«, damals gesungen von Joan Baez und Donovan.

Damals? Ja – es ist dreißig Jahre her! Und ich stehe auf der Terrasse eines Restaurants – und singe dieses Lied auswendig mit! Erinnerungen werden wach: an die Zeit, als ich in Frankfurt Sozialpädagogik studierte. An konkrete Vorlesungen kann ich mich nicht mehr so gut erinnern – aber an ein Gefühl von Leben, von Lebendigkeit! Ja, wir waren bereit, die Welt zu verändern, das rote Meer hatte grüne Welle, und alles war möglich! Und damals haben wir genau diese Lieder gesungen!

Zugegeben – in den dreißig Jahren dazwischen habe ich auch lernen müssen, dass es nicht so einfach ist, die Welt zu verändern, dass nicht alles möglich ist – und dass es mit der »grünen Welle« auch nicht immer so klappt wie geplant. Das Leben und meine Erfahrungen damit haben auch meine Träume und Ideale ein wenig zurechtgestutzt. Aber darf ich mich deshalb damit zufriedengeben?

Um noch einmal auf das alte Lied zurückzugreifen: »Who told you a calf to be?« – wer sagt dir, dass du ein Kalb bist, das sich gebunden zum Markt fahren lässt? Warum hast du keine Flügel wie die Schwalbe, warum hast du nicht das Fliegen gelernt?

Ja, damals habe ich daran geglaubt. An das Fliegen-Können …

Warum eigentlich heute nicht mehr?

Meine Vorsätze – manchmal ergeben sie sich nur aus dem, was ist – und nicht aus dem, was sein könnte. Manchmal bin auch ich auf dem besten Weg, meine Träume zu verraten und mich mit den Gegebenheiten zu arrangieren.

Können Sie sich noch daran erinnern, was Sie damals wirklich wollten?

Und: Warum eigentlich nicht?

P.S. Übrigens – das Lied wurde weder von Joan Baez noch von Donovan erfunden. Es ist ein jiddisches Lied, das von Itzchak Katsenelson geschrieben wurde, der in Auschwitz umgebracht wurde. Und doch lebte er in genau der Zuversicht: »Doch wer Flügel hat, kann fliegen, der wird niemals sein ein Knecht!«

> *Wir werden nicht*
> *für unsere Sünden bestraft*
> *sondern durch sie*
> ELBERT HUBBARD

Ich bekenne Gott, dem Allmächtigen,
und allen Brüdern und Schwestern …

manchmal
hat man vor lauter Alltag
das Wünschen verlernt

manchmal
sind die Träume
nicht groß genug

manchmal
gibt man sich mit dem zufrieden
was ist

manchmal
flüchtet man vor dem Chaos
in die scheinbare Ordnung

und verrät damit
die Idee die Sehnsucht
und das Leben

sich
selbst
und Gott

und dann sagt plötzlich einer
kommt wir trinken einen Champagner
beim Sonnenuntergang am Strand

wenn nicht geträumte Träume
plötzlich wahr werden
wird man

ein
wenig
nachdenklich

Dezember 2004

Ja, ich gebe zu: Von Champagner abends am Strand beim Sonnenuntergang hatte ich in meinem ganzen Leben noch nie geträumt. Aber wenn man mit Angelo und Billy einige Tage in Südafrika verbringt, dann können sogar Dinge wahr werden, von denen man noch nie geträumt hatte … vielleicht träume ich manchmal wirklich noch zu klein?

Geträumt hatte ich jahrelang davon, mit Menschen zusammen zu leben, zu glauben und zu arbeiten – alles (oder – na ja – das meiste) miteinander. Nicht der Berufskollege dort, der Freund hier, der Mitchrist da. Es war zu einer Vision geworden – zu einem Bild, wie ich mir die Zukunft vorstellte, meine Zukunft.

Erzwingen kann man so etwas nicht – aber ein Bild davon zu haben, wie es sein könnte, kann dabei helfen, die Gelegenheit zu erkennen und beim Schopf zu fassen, wenn sie gerade unscheinbar und unauffällig an einem vorbeigehen will. »Ein Volk ohne Vision geht zugrunde«, so übersetzt Dorothee Sölle einen Vers aus dem Alten Testament. Dabei ist die Vision nicht unbedingt dazu da, dass sie buchstabengetreu so Wirklichkeit wird. Eine Vision will mir dabei helfen, meine Schritte auf ein Ziel auszurichten – und gegebenenfalls die Gelegenheit beim Schopf zu packen.

Und ich glaube, nur weil ich ein solches Bild vor Augen hatte, konnte ich am Palmsonntag 1998 Angelo die Frage stellen: »Was hältst du davon, wenn ich in die Gemeinde, die du übernimmst, mitkäme?«

Diese Vision hat mir in Viernheim in den beiden Pfarrgemeinden eine Zeit geschenkt, für die ich unsagbar dankbar bin. Aber viel wichtiger noch: Mir ist hier ein Stück Leben geschenkt worden – und ich wäre ohne dies um vieles ärmer. Ich habe Aufgaben bekommen, die mich herausgefordert haben. Ich habe Menschen gefunden, denen ich verbunden bin. Meine hohen und hehren Ideale mussten sich im Alltag bewähren. Ich habe Bodenkontakt bekommen – ohne dabei das Fliegen zu vergessen. Und mit Angelo gibt es einen Freund in meinem Leben, der mein Alltagsgesicht kennt, der als Priester mit mir vor Gott steht und mit dem zusammen ich hier die Herausforderungen tatkräftig anpacken kann. Ein Bild ist Wirklichkeit geworden – wenn auch anders als gedacht und erträumt. Und auch wenn uns der Alltag ab und an einholt und gelegentlich sogar rechts überholt … trotzdem!

Jetzt

um
wirklich
zu werden

braucht
eine
Vision

viele Träume
verrückte Ideen
und eine gewisse Beharrlichkeit

was leicht aussehen mag
ist Ergebnis harter Arbeit
vieler Gedanken

ist Frucht des Gebets
Tanz des Lassens
Zärtlichkeit des Seins

was
sich
ergibt

ist
weil es
war

und ist
weil es
sein wird

25. Oktober 1998

Ich musste lachen – auf dem Parkplatz vor dem Tagungshaus stand ein Auto mit dem Aufkleber: »Lieber lebendig als normal«. Doch, den Aufkleber würde ich mir auch aufs Auto kleben … Der Satz verfolgte mich noch während des Seminars, das unter dem Thema stand: »Aufbruch zu einem neuen Miteinander«. Vieles in unserer Kirche war ins Wanken geraten, es ging darum, neu den Weg zu suchen und zu finden.

Die Teilnehmer an dem Seminar konnten zulassen, dass das alte Bild nicht mehr trägt, dass die Zeit für etwas Neues, Anderes angebrochen war – wenn man auch noch nicht so genau zu sagen wusste, wie dieses Neue aussehen könnte. Und manchen tat dieser Abschied weh.

Aber da ist zugleich auf einmal unsagbar viel Leben und Lebendigkeit. Mich erinnerte es an die Stimmung, wenn am Morgen Rucksäcke gepackt und Zelte zusammengerollt werden, wenn man ein bisschen traurig um das erloschene Lagerfeuer herumsteht – und ahnt, dass die vergangene Zeit nicht mehr wiederkommen wird. Und doch, bei allem Abschied: Es lockt der Weg.

Genau das ist Aufbruch, Exodus. Aufbruch hat etwas mit Offenheit, mit ungewissem Ausgang zu tun. Man geht los, man traut sich einen Schritt ins Ungewisse, auch ins Ungeborgene hinein – und das ist nicht leicht. Es verlangt viel Gottvertrauen, loszugehen, Kundschafter zu sein für Gott, Kirche und Gesellschaft. Das bringt Schmerzen, aber auch Lebendigkeit mit sich. Ein Aufbruch ist kein Umzug. Bei einem Umzug ziehe ich von einem Haus in ein anderes. Bei einem Aufbruch dagegen verlasse ich die Sicherheit, um sie gegen eine vorläufige Unsicherheit einzutauschen. Keiner kann sagen, wohin der Weg führt.

Leben ist Aufbruch – ist der Weg ins Ungewisse. Manchmal scheitern Aufbrüche daran, dass man im Vorfeld so gerne das Ergebnis wüsste – aber dann ist ein Aufbruch kein Aufbruch mehr. Ein Aufbruch ist offen, und das Ergebnis ist nicht vorhersagbar – und damit mag der Aufbruch manchmal Angst machen. Neues aber kann erst wachsen, wenn ich aufgebrochen bin – so wie der Bauer das Feld umpflügt, den Boden aufbricht, um Neues wachsen zu lassen. Jesus sagt von sich: »Ich bin der Weg!« und nicht: »Ich bin das Angekommen-Sein!« Man könnte vielleicht auch so sagen: Weil ich heimgekommen bin in Gott, kann ich jeden Tag neu aufbrechen.

»Normal« in einem herkömmlichen Sinn ist das sicher nicht, aber lebendig – ganz bestimmt.

Ich bin Lust am Leben (1992)

Und dann fällt einem beim Aufräumen noch »ganz zufällig«
ein Zettel in die Hand …

Und plötzlich weißt du:
Es ist Zeit, etwas Neues zu beginnen
und dem Zauber des Anfangs zu vertrauen.
MEISTER ECKHART

ein zettel
beim aufräumen
gefunden

und
plötzlich
weiß ich

es wird zeit
den nächsten schritt
in den blick zu nehmen

sich zu verabschieden
anderes zu beginnen
mich neu verzaubern zu lassen

über grenzen zu gehen
neues zu wagen
mich zu probieren

mit schmerzen und mit tränen

und mit ganz viel lust
auf leben

28. Juli 2007

Na gut … warum eigentlich nicht Südafrika?

DANKBARKEIT

Wer fertig ist, dem ist nichts recht zu machen, ein Werdender wird immer dankbar sein.
JOHANN WOLFGANG VON GOETHE

Jubelt dem Herrn, alle Lande, in Freuden dienet dem Herrn, vor sein Angesicht kommt mit Jauchzen!
PSALM 100,1

In mir ist ein tiefes Gefühl der Dankbarkeit. Wie kommt es, dass mir gerade Angelo über den Weg geschickt wurde, der in einer so guten Art und Weise mich und meinen Glauben herausfordert, mich in meiner persönlichen Entwicklung stützt? … Was nach dieser Zeit in Viernheim sein wird, das wird man sehen. Kann sein, dass dann neue Aufgaben anstehen, die wir nicht gemeinsam angehen können oder sollen.

Umso mehr Grund, jetzt dankbar für diese Zeit zu sein … und durchaus über die Wege Gottes auch zu staunen.
Tagebuch vom 4. März 2000

Ein Elefant wird nicht an einem Tag groß.
SPRICHWORT AUS AFRIKA

Ja, ich habe den Aufbruch gewagt, ich habe ein neues Kapitel in meinem Leben aufgeschlagen. Ich bin nicht gegangen, weil ich in Viernheim unglücklich war oder weil es mir da nicht gefallen hätte. Ich hätte mich hier ganz gut einnisten können.

Aber es war an der Zeit, den nächsten Schritt zu tun. Und ich bin mir sehr sicher, dass es diese Etappe in Viernheim brauchte, um diesen nächsten Schritt gehen zu können. Ich habe in Viernheim das erleben und erfahren dürfen, was mir so viel Sicherheit gegeben hat, dass ich neu aufbrechen konnte. Deshalb ist »Dankbarkeit« für mich ein wichtiges Wort mitten im Aufbruch.

Dankbarkeit – das ist eigentlich eine Lebenshaltung, eine Lebenseinstellung. Ich meine damit nicht das einstudierte »Wie sagt man, wenn man etwas bekommen hat?«, und nicht das »Danke«, mit dem ich mich »loskaufen« will, wenn mir jemand etwas geschenkt hat.

Es ist viel eher eine gewisse Art zu leben und zu sein. Ich nehme wahr, dass es den einen Schritt in meinem Leben gebraucht hat, um den nächsten gehen zu können – und in diesem Sinn schaue ich dankbar zurück. Dass ich wiederum diesen Schritt gehen kann, ist auch ein Geschenk und eben keine Selbstverständlichkeit. Es gibt Menschen, die mich dabei unterstützen, die mir den Rücken freihalten; ohne sie wäre so ein Schritt gar nicht möglich. Da hat mich einer auf die Idee gebracht – und ich bin in der Lage, diese Idee umzusetzen.

Wann soll man Danke sagen, wenn nicht in so einer Situation? Denn Aufbruch wird nur möglich durch das, was vorher war …

In dem Gottesdienst Ende September 2009, in dem ich hier in Viernheim verabschiedet wurde, habe ich es so gesagt:

Ja, es fällt mir auch nicht leicht, heute Abend hier zu stehen und, zumindest auf eine gewisse Art und Weise, »adieu« zu sagen. Ein langer, schöner, großer Abschnitt meines Lebens geht zu Ende, ein neues Kapitel wird aufgeschlagen. Und natürlich ist das mit viel Emotionen verbunden, mit Trauer und Tränen, aber zugleich mit Herausforderung und Lust am Neubeginn. Für mich ist es vor allem mit einem Gefühl verbunden: mit Dankbarkeit. Ich sage Danke für diese Jahre meines Lebens – und ich sage dieses Danke Ihnen und euch allen, ich sage dieses danke dir, Angelo – vor allem aber unserem Gott.

Wie fing mein Abenteuer Viernheim an? Eigentlich war es in einem kleinen rheinhessischen Dorf; genau dort wurde Angelo Stipinovich im März 1997 Pfarradministrator. In einem Brief an ihn stellte ich mich kurz vor und fügte, vielleicht ein wenig leichtsinnig, hinzu – ich kannte ihn damals noch nicht so gut!: »Ich bin gerne dabei, wenn Sie mich irgendwo irgendwie brauchen können!« Angelo konnte mich brauchen. Und so fand ich mich ab 1. Februar 1999 mit einer halben Stelle als pastorale Mitarbeiterin hier in der Pfarrgruppe St. Hildegard und St. Michael wieder.

Zugegeben, der Anfang war nicht leicht. Für manche war ich damals wohl eher eine Irritation als eine Bereicherung. Der neue Pfarrer bringt auch noch eine Frau mit? Okay, ich denke, aus diesen Irritationen des Beginns haben wir etwas ganz wunderschönes Gemeinsames hingekriegt – mit aller Buntheit, in aller Lebendigkeit!

Viele schöne Erfahrungen kamen im Laufe der Jahre dazu, dichte Begegnungen, unzählig viele Erlebnisse, Beziehungen und Freundschaften entwickelten sich, Vertrauen ist gewachsen. Mitten in meinem Unterwegs-Sein, mitten in meiner Heimatlosigkeit wurde mir hier ein Stück Heimat geschenkt. Ich habe unsagbar viel lernen dürfen – und das fängt bei der Leitung von Beerdigungen an und hört bei der Schaukastengestaltung noch lange nicht auf. Die Jahre in Viernheim haben mich sehr geerdet, ich habe Bodenkontakt bekommen, und mein Glaube und meine Spiritualität haben sich nicht mehr in den Weiten des Himmels verloren, sondern haben Füße und Hände und ein Gesicht bekommen. Das, was ich in Viernheim gelernt habe, habe lernen dürfen, wird mich auf meinem weiteren Lebensweg begleiten, und ich bin sehr dankbar dafür!

Viernheim war und ist eine ganz wichtige Station meines Lebens – es waren gute und lebendige Jahre meines Lebens – und ihr und Sie haben sie zu diesen Jahren gemacht!

Mein besonderes Danke gilt dir, Angelo! Ohne dich wären weder Viernheim noch all die Erfahrungen, die ich hier machen durfte, möglich gewesen – ohne dich wäre aber auch dieser nächste Schritt in meinem Leben nicht denkbar. 1997, als wir uns kennenlernten und unsere Freundschaft begann, hätte mich zum Beispiel niemand in ein Flugzeug hineingebracht. Südafrika war damals für mich nur ein Land auf der Landkarte.

Im März 1998 war ich war eingeladen worden, eine der Fastenpredigten im Würzburger Dom zu halten, und ich hatte dich gebeten mitzukommen, sozusagen als psychologische Verstärkung. Einer der Freunde, die an dem Abend dabei waren, sagte anschließend zu mir: »Es scheint ja, als ob aus dir noch was werden könnte!« Darauf erwiderte Angelo, der das natürlich gehört hatte: »Na ja, mit meiner und mit Gottes Hilfe!« Und das hast du eingelöst! Du hast mich gefördert, indem du mich gefordert, manchmal auch herausgefordert hast. Als wir vor über zehn Jahren hier gemeinsam in Viernheim angefangen haben, war ich mir sehr unsicher, ob das gutgehen würde – würde unsere Freundschaft das aushalten, dass du auf einmal »Chef« für mich bist? Würde ich es schaffen, nach über zwanzig Jahren, in denen immer ich diejenige war, die geleitet hatte, jetzt dir die Leitung zu überlassen, in die zweite Reihe zurückzutreten? Ja, ich denke, wir haben es ganz gut hingekriegt – aber es liegt auch daran, dass du in all diesen Jahren Leitung so kompetent wahrgenommen hast, dass ich gut mit dir arbeiten konnte – und dass du dabei so sehr Priester und ein spiritueller Mensch geblieben bist, dass ich mich dir gut anvertrauen konnte. Unsere Freundschaft und unsere gemeinsame Heimat im Glauben waren dabei ein gutes Fundament – und das hat uns auch geholfen, manche nicht so einfache Situation zu bewältigen. Denn auch die gab es natürlich in dieser Zeit.

Danke für all deine Freundschaft, danke für all dein Engagement in unseren gemeinsamen Anliegen, danke für alle Anfragen und Herausforderungen an mich, danke für so manches schöne Fest, das wir miteinander gefeiert haben, danke für deine schützende und bergende Hand, die es mir ermöglicht hat, so manche neue Erfahrung zu machen! Und nicht zuletzt danke für so manche verrückte Idee wie zum Beispiel deine Anfrage vor einigen Jahren, ob ich es mir vorstellen könnte, irgendwann mal in Südafrika zu arbeiten. Ganz gut hat es eigentlich die Kinderbuch-Lektorin auf den Punkt gebracht, die das Buch »Ein Bär fliegt nach Südafrika« betreut –

die Geschichte unseres Sperrmüll-Bären von St. Hildegard, der inzwischen in unserem Partnerschaftskindergarten in Masiphumelele gelandet ist. In den letzten Kapiteln ist dieser Bär viel mit Angelo zusammen – und die Lektorin fragte vorsichtig zurück: »Könnte es sein, dass der Bär in diesen letzten Kapiteln, zusammen mit Angelo, irgendwie immer größer und erwachsener wird?« – »Ja«, sagte ich, »das hat Angelo so an sich!«

Danke, Angelo, für all das, was du mir in diesen Jahren geschenkt hast!

Mein drittes, letztes und größtes Danke aber gilt Gott. In meiner Lebensplanung waren weder so ein Typ wie Angelo noch zwei Pfarrgemeinden in Viernheim oder die Mitarbeit in einer Ordensgemeinschaft in Südafrika vorgesehen. Gott hat mir viel mehr geschenkt als das, worum ich gebeten habe. Auf so verrückte Ideen wäre ich gar nicht gekommen! Aber es war gut so! Ja, ich kann im Nachhinein sehr deutlich sehen, wie Gott sich in mein Leben regelrecht »hereingeschlichen« hat und es ganz sanft, ganz zart und mit leisen Tönen ummodelliert hat. Wenn man bereit ist, es ummodellieren zu lassen …

Auf meinem Weg in den letzten Jahren gab es so viele solcher Verrücktheiten, die sich als gut und richtig erwiesen haben, dass ich im Innersten davon überzeugt bin, dass Gott uns Menschen Wege führt, die für uns zum Guten sind, auch wenn wir sie manchmal nicht sofort als solche erkennen. Ja, ich stehe mit meinem Leben dafür ein, dass dieser Gott uns gut will, dass er unsere Lebendigkeit will, dass er uns herausfordert! Deshalb möchte ich sehr ausdrücklich Gott Danke sagen dafür, wie er in meinem Leben die Regie übernommen hat – und mir doch zugleich alle Freiheit gelassen hat!

Ja, ich gehe mit einem lachenden und einem weinenden Auge. Es war für mich eine gute, wichtige und schöne Zeit hier in Viernheim.

Warum ich denn überhaupt gehe – das wurde ich in den letzten Wochen oft gefragt, »es ist doch gut hier!« Klar, es ist gut hier! Ich könnte mich hier ganz gut einrichten und zur Ruhe setzen. Aber irgendwie werde ich das Gefühl nicht los, dass es da schon noch etwas für mich zu tun gibt, das vielleicht auch über Viernheim hinausgeht. Viernheim hat mich zehn Jahre lang gehabt … mag sein, dass mich jetzt eine andere Aufgabe braucht.

In dem Sinn freue ich mich auch auf die neuen Herausforderungen gerade in einem Alter, wo andere die Tage bis zur Pensionierung zählen. Ich darf noch mal etwas Neues anfangen. Und auch das erlebe ich als ein Geschenk unseres Gottes an mich!

was bleibt

sind erinnerungen
ein lächeln
ein paar tränen
das eine oder andere wort
eine umarmung
ein stück leben

was bleibt
ist heimat
nähe
verbundenheit

wurzeln
die in die zukunft
wachsen

lassen

3. Oktober 2009

Ja, ich habe allen Grund, für mein Leben dankbar zu sein –
auch wenn es nicht immer leicht war.

Ich durfte zur Welt kommen, auch wenn meine Eltern zu
diesem Zeitpunkt bettelarm waren – aber ich durfte leben.
Meine Eltern konnten mir nach heutigen Maßstäben finan-

ziell nicht viel bieten – Feiertag war, wenn es eine Flasche Malzbier gab. Aber sie haben mir viel Entscheidenderes gegeben: ihre absolute Liebe und ihre bedingungslose Solidarität, wenn ich mal Mist gebaut hatte.

Ich bin den richtigen Menschen zum richtigen Zeitpunkt begegnet – und sie haben mich herausgefordert, mich unterstützt, mich gehalten, mich konfrontiert, mich das Loslassen gelehrt. Ich habe die Aufgaben in meinem Leben bekommen, die gepasst haben, an denen ich gewachsen bin, die mir gutgetan haben – auch wenn manchmal dabei alle meine Pläne durchkreuzt wurden. Ich habe unsagbar viel erleben dürfen – eigentlich reicht es für drei Menschenleben aus – und es war schön so! Ich werde fünfundfünfzig dieses Jahr – und finde es nicht selbstverständlich, dass ich halbwegs gesund bin.

Da gibt es Freunde, die mich begleiten, und Menschen, die ich sehr mag. Es gibt ein paar Orte, an denen ich zu Hause bin, Heimat gefunden habe. Es gibt Bücher und Musik und Bilder und Landschaften … Und es gibt einen Gott, an den ich glauben kann – und dem ich mich und mein Leben geben kann.

Dankbarkeit hat etwas mit »bewusst leben« zu tun – und damit, dass ich mein Leben anschaue, es wahrnehme. Zugegeben, manches, was wir erleben, lädt nicht gerade zur Dankbarkeit ein. Wie will ich für Krankheit und Tod, für Scheitern und Grenzerfahrungen dankbar sein?

Aber im Nachhinein bekommt manches seinen Sinn, was ich im konkreten Erleben nicht sehen, nicht wahrhaben konnte. Das, was ich erlebt habe, hat manchmal in meine Kategorien des Lebens nicht hineingepasst – und das hat oft sehr wehgetan. Manchmal wurden mit dem, was mir zugemutet wurde, Grenzen überschritten. Aber wie will ich wachsen, wenn nicht ab und an Grenzen überschritten werden – oder ich Grenzen überschreite?

Meine Grenzen beschreiben mich zwar, begrenzen mich zugleich aber auch. Um Entwicklung und Wachstum in mir möglich zu machen, ist es notwendig, immer wieder meine Grenzen auch zerfließen zu lassen, sie aufzuheben, vielleicht sogar auch einmal zu überschreiten: etwas ausprobieren, was ich noch nie getan habe; mich auf einen Menschen einlassen, der mir fremd ist; die verrückten Ideen in mir endlich einmal tun. Lebendigkeit hat etwas mit »sein« und »werden« zu tun. Setzte ich immerfort nur Grenzen, so würde ich mich mit der Zeit selbst einmauern, da würde aus Stabilität Starrheit, aus Begreifbarkeit Unangreifbarkeit, aus einem Gartenzaun würde eine Mauer.

Ich bin gefragt, immer wieder einmal zu überprüfen, ob meine Grenzen noch stimmen, ob es nicht an der Zeit ist, Grenzen zu verändern – und vielleicht auch einmal darüber hinwegzusteigen. Meine Grenzziehung stimmt immer nur für eine bestimmte Lebenssituation – wenn sich meine Lebenssituation verändert, werde auch ich andere, neue Grenzen ziehen müssen. Bleiben meine Grenzen gleich, obwohl sich meine Lebensumstände ändern, dann sterbe ich bei lebendigem Leib, dann werden meine notwendigen Grenzen zu Todesfallen.

Wenn Identität Grenzziehung und »sein« bedeutet, so heißt Wachstum »Grenzen überqueren« und »werden«.

Es braucht beides in meinem Leben: das Ziehen von Grenzen und das Überschreiten dieser Grenzen.

DANKBARKEIT

Und damit werde ich zu einem Grenzgänger zwischen Hier und Dort, Gestern und Morgen, Sein und Werden.

Ich bin Lust am Leben (1992)

Und das bringt es manchmal mit sich, dass ich auch für etwas »danke« sage, was eigentlich nicht leicht und nicht schön ist, eben weil Grenzen überschritten werden. Eine solche »Grenzüberschreitung« war für mich der Tod meines Vaters.

es fällt schwer
in solch einer Situation
des Verlustes
der Trauer
danke zu sagen

wofür soll man
Gott danken
wofür soll man
dankbar sein?

für diese Zeit des Leidens
für die Tatsache
dass ein Partner den anderen
gehen lassen muss

dafür dass man selbst
an Grenzen kommt

nein
dafür sagen wir nicht danke
und dafür müssen wir nicht danke sagen
denn es kommt nicht von Gott

all das ist ganz einfach
Teil unseres menschlichen Lebens
es gehört dazu
es gehört zu den Grenzen
in denen wir leben
und mit denen wir
leben lernen müssen

das Leiden
das Gehen
die Grenzen
der Tod

das ist
Mensch sein

aber
Mensch-sein
das heißt auch
gelebt zu haben
geliebt zu haben
gewesen zu sein

Mensch
gewesen zu sein

einmalig
unverwechselbar
einzigartig

und dafür sagen wir
danke

danke
dass es dich gab
und in unseren Gedanken
immer noch gibt

danke
dass du unser Leben geprägt hast
und noch immer prägst

danke
für all das
was du uns Gutes getan hast
und von dort aus
wo du jetzt bist
immer noch tust

danke dafür
dass wir teilhaben durften
an einem einzigartigen Leben

und dieser Dank
ist größer als unsere Trauer
dieser Dank ist größer
als aller Verlust

wir sagen danke für dich
und geben dich in die besten Hände
die wir uns denken können
in die Hände unseres Gottes

und wir geben uns
in die Hände unseres Gottes
möge er unsere Wunden heilen
uns in unserer Trauer trösten

möge er der Gott sein
für uns Lebende
und für unsere Toten

Dankbarkeit kann aber auch falsch verstanden und missbraucht werden. Es gehört zum »guten Ton«, Danke zu
sagen, wenn man etwas bekommt – und das ist auch gut so.
Nichts, was mir geschenkt wird, ist selbstverständlich – und
mir das durch das Wörtchen »danke« ins Bewusstsein zu
rufen, schadet sicher nichts.

Aber weil das so ist, wird es manchmal auch »benutzt«.
Man macht ein Geschenk, gleich welcher Art – und will eigentlich ein Gegengeschenk, will die Dankbarkeit, die Aufmerksamkeit des anderen. Man schenkt etwas, um den

anderen zu verpflichten – und wehe, er sagt dann nicht »danke«, wehe, ich bekomme nicht das erhoffte Gegengeschenk. Und dann hagelt es Vorwürfe, es gibt Krach und Streit.

Eines der Bücher, das mich mit am meisten geprägt hat, war das Buch »Ich ging den Weg des Derwisch« von Reshad Feild – zugegeben, vielleicht eher der spirituell-esoterischen Ecke zuzuordnen. Aber die zentrale Botschaft, die bei mir ankam, heißt: »Prüfe deine Motive!« Also: Schenke ich, um etwas zu bekommen – oder weil es mir Freude macht, zu schenken? Umarme ich, weil ich den anderen umarmen will – oder um umarmt zu werden? Berühre ich den anderen, weil es ihm guttut – oder um mich selbst zu spüren?

Prüfe deine Motive! Wenn du schenken willst, schenke! Wenn du umarmen willst, umarme! Wenn du berühren willst, berühre! Aber erwarte kein Gegengeschenk, keine Umarmung, keine Berührung als Antwort.

In dem Moment, wo ich einen Dank *erwarte* oder gar einfordere, verzwecke ich mein Geschenk, meine Freundschaft, meine Liebe. Und dann ist es kein Geschenk mehr, keine Freundschaft und keine Liebe. Dann habe ich nicht wirklich den anderen gemeint, sondern eigentlich mich.

Ich glaube: Was ich jemandem Gutes tue, kommt irgendwie zu mir zurück. Es muss nicht unbedingt von demjenigen kommen, dem ich etwas Gutes getan habe, es kann von einer ganz anderen Ecke, von jemand ganz anderem kommen. Nichts geht verloren. Es kehrt immer wieder zu mir zurück – das Gute wie das Schlechte.

Dankbarkeit ist der Blick zurück, aus dem heraus Neues wachsen kann. Dankbarkeit ist das Eingeständnis, dass ich vieles nicht machen kann, sondern dass es mir geschenkt wird. Das macht in einem guten Sinne demütig. Und es schenkt die Hoffnung, dass Neues werden kann und werden wird.

Vielleicht heißt Dankbarkeit schlicht und ergreifend, mein Leben bewusst zu leben, denen verbunden zu sein, die mitgehen, das, was mir geschenkt wird, wahrzunehmen – und das, was mir gegeben wurde, anderen weiterzugeben.

Südafrika … vielleicht auch eine Form, meiner Dankbarkeit Ausdruck zu geben?

HOFFNUNG

Die Hoffnung, die das Risiko scheut, ist keine Hoffnung. Hoffen heißt: An das Abenteuer der Liebe glauben, Vertrauen zu den Menschen haben, den Sprung ins Ungewisse tun und sich ganz Gott überlassen.
DOM HELDER CAMARA

Seid allezeit bereit zur Antwort einem jeden gegenüber, der von euch Rechenschaft fordert über die Hoffnung in euch.
1. PETRUSBRIEF 3,15

»Dich führen, wohin du nicht willst …« (Johannesevangelium 21,18) – der Satz stimmt für mich so nicht. »Mich hinführen zu etwas, von dem ich nicht wusste, dass es das gibt und dass es gut für mich ist …« – so passt es eher. Gott führt den Menschen Wege, die ihn zu sich selbst, zu seinem »Glück« führen, wenn man sich Gott vorbehaltlos überlässt. Nur so kann ich mir den Weg erklären, den ich in den letzten Jahren gegangen bin, ja, fast gegangen worden bin. All das ergibt im Nachhinein einen solchen Sinn, dass ich sprachlos davorstehe.
Tagebuch vom 13. Juli 1999

Die Hoffnung wird dich nie enttäuschen.
SPRICHWORT DER XHOSA

Wenn ich mir mein Leben so anschaue – dann bin ich wahrscheinlich deshalb glücklich geworden und habe ein bisschen Erfolg gehabt, weil meine Pläne meistens durchkreuzt worden sind, meine Ideen gescheitert sind, sich immer alles ganz anders entwickelt hat, als ich es gewollt hatte.

Gott und Kirche – das war nicht vorgesehen, als ich mein Leben plante. Damals waren Wirtschaft und Karriere angesagt. Und natürlich Familie, eine gute, gelingende Beziehung, Kinder … Das war damals die erste große Lebenskurve – der Wechsel von der Industrie hin zur Sozialpädagogik. Es war nicht eingeplant, es kam so …

Auch Kirche als Arbeitgeber stand in meinem Lebensprogramm nicht drin, und mit Freiburg und Umgebung hatte ich außer dem einen oder anderen Schwarzwaldurlaub bis dahin eigentlich auch nichts am Hut. Und es wurden unsagbar gute und wichtige, wenn auch nicht immer einfache Jahre … Und dann dachte ich, ich wüsste wie es weitergeht – aber so ging es nicht weiter. Ich fand mich auf einmal in der Freiberuflichkeit wieder und hatte doch auf eine Stelle in der Kirche gehofft.

Nicht vorgesehen war auch der Umzug nach Rheinhessen – und die Begegnung mit Angelo Stipinovich. Und dann hieß die Herausforderung auf einmal »Viernheim« – und als ich mich darauf einließ, wurde es wieder vollkommen anders, als ich es mir gedacht hatte.

Und die Schriftstellerei war überhaupt nicht vorgesehen … – und doch tue ich es nun schon seit fünfundzwanzig Jahren.

Und jetzt also Südafrika …

Wie heißt dieser alte, nette Spruch? Denn erstens kommt es anders und zweitens als man denkt …

Bittet und es wird euch gegeben; sucht und ihr werdet finden; klopft an und es wird euch aufgetan. Denn jeder, der bittet, empfängt, und wer sucht, findet, und wer anklopft, dem wird aufgetan. Wo ist unter euch ein Vater, der, wenn ihn sein Sohn um einen Fisch bittet, ihm statt des Fisches eine Schlange gäbe? Oder wenn er um ein Ei bittet, ihm einen Skorpion gäbe?

Lukasevangelium 11,9–12

Für viele gehört dieses Evangelium zu den trostvollen und tröstenden Stellen des Neuen Testaments. Welche Zusage aber auch: »Bittet und euch wird gegeben, suchet und ihr werdet finden, klopft an und euch wird aufgetan!«

Aber wenn man genau hinschaut, dann ist diese Stelle eben nicht nur nett und tröstend, sondern sogar ziemlich radikal – und man ahnt spätestens dann darum, das es nicht nur um eine schöne Zusage geht, wenn Gebete nicht erhört werden, die Suche erfolglos ist, und Türen verschlossen bleiben. Was ist dann mit dieser Zusage? Hält Gott seine Versprechen doch nicht?

Ich möchte Ihnen gerne eine kleine Geschichte aus meinem Leben erzählen. Manche von Ihnen wissen, dass ich in Wiesbaden geboren und aufgewachsen bin – und dass meine Eltern dort immer noch leben. Meine beruflichen Wege hatten mich in den Schwarzwald verschlagen – und ich lebte sehr gerne dort. Vor zehn Jahren erkrankte völlig überraschend meine Mutter, damals 72 Jahre alt, von heute auf morgen

Krankenhaus, über ein halbes Jahr hin sechs Operationen, schließlich die Amputation eines Beines, Reha. Mein Vater leidet an einer Verletzung aus dem Zweiten Weltkrieg – und schnell war klar: Der Zustand meiner Eltern ist so, dass ich einfach räumlich mehr in die Nähe ziehen muss. Ich war damals freiberuflich tätig, und so war es ziemlich egal, ob ich die Bücher im Badischen oder im Rheinhessischen schrieb, zu meinen Kursen von Mainz oder Freiburg aus startete. Ich suchte also eine Eigentumswohnung irgendwo in Rheinhessen, möglichst nahe an Mainz. Diejenigen, die so etwas schon einmal mitgemacht haben, wissen, was das heißt: Als alleinstehende Frau sich kundig machen über Teilungserklärungen, Bankkredite, Finanzierungen und Vertragsfragen – und auf eine Entfernung von 200 Kilometern mit einem mehr als gut gefüllten Terminkalender eine Wohnung zu suchen. Ich machte mehr als drei Kreuze, als ich schließlich eine schöne Wohnung bei Wörrstadt gefunden hatte, der Notarstermin feststand und die Finanzierung gesichert war.

Einen Tag vor dem Termin beim Notar klingelte das Telefon, die Maklerin aus Mainz war dran und sagte ganz behutsam: »Setzen Sie sich am besten erst mal!« Die Eigentümer hatten einen Tag vor dem Notarstermin die Wohnung an einen anderen verkauft, der einiges mehr geboten hatte. Die ganze Suche konnte wieder losgehen. In solchen Situationen wird ein Satz wie »Suchet und ihr werdet finden!« zum blanken Hohn.

Ich fing wieder von vorne an. Die Maklerin hatte wohl auch ein schlechtes Gewissen und bediente mich eifrig mit Wohnungsangeboten. Bei einem wurde ich besonders neugierig, es war zwar viel zu weit von Mainz weg, aber in der Ausschreibung stand drin: »Der Bauherr ist Ihnen auch gerne beim Umzug behilflich!« Die Wohnung war zwar uninteressant, aber ein Bauherr, der so was anbot, interessierte mich. Und so machte ich einen Termin aus, verliebte mich in eine wunderschöne Dachgeschosswohnung, deren »Kniestock« gerade mal ein Meter hoch war – und landete in einem kleinen rheinhessischen Dorf in der Nähe von Alzey.

Und ich habe mich später oft gefragt: »Was um alles in der Welt mache ich eigentlich hier?«

Drei Jahre später wurde ein junger südafrikanischer Priester Pfarrverwalter unserer kleinen Diasporagemeinde – und es begann eine geistliche Freundschaft und eine wunderschöne Zusammenarbeit in der Gemeinde. Und als es anstand, dass er als junger Priester eine größere Aufgabe übernehmen sollte, fanden wir es beide schade, dass das Miteinander damit beendet sein sollte. Und so wurden wir bei der Diözese vorstellig – und das Unglaubliche geschah: Ich bekam eine halbe Stelle in den beiden Gemeinden, die dieser junge Priester übernehmen sollte.

Dass ich heute hier in Viernheim als pastorale Mitarbeiterin in Aufgaben tätig sein darf, die mich unsagbar erfüllen, dass ich mit diesen Herausforderungen glücklich bin, das liegt eigentlich daran, dass vor neun Jahren ein Verkäufer einen Tag vor einem Notarstermin eine Wohnung an jemand anderen verkaufte. Ich habe damals geschimpft und gehadert, auch mit Gott – und doch war es gut so, wie es war. Mein Leben hätte vollkommen andere Bahnen genommen, wenn meine Bitten damals erfüllt worden wären.

Ein Wort von Konrad Adenauer kommt mir in den Sinn: »Die Menschen leben alle unter dem gleichen Himmel, haben aber nicht alle den gleichen Horizont.« Und das gilt auch für Gott: Sein Horizont ist weiter, ist größer, als meiner. Er agiert in Zeiträumen und in Dimensionen, die meinem begrenzten Denken verschlossen bleiben.

Ja – die Zusage gilt: Bittet und euch wird gegeben, suchet und ihr werdet finden, klopft an und euch wird aufgetan. Dummerweise wird nicht dazu gesagt, ob das, was uns gegeben wird, das ist, worum wir gebeten haben, ob das, was wir finden werden, das ist, was wir gesucht haben, und ob es immer die Vordertür ist, die uns geöffnet wird. Manchmal ist das, was wir uns wünschen, von unseren begrenzten, manchmal sogar kleinen Vorstellungen bestimmt. Gott denkt größer, weiter, ewiger. Wir leben alle unter dem gleichen Himmel, haben aber nicht alle den gleichen Horizont – Gottes Horizont ist größer.

Und es gibt eine zweite Zusage: Wer um ein Ei bittet, wird keinen Skorpion bekommen – und wer um einen Fisch bittet, wird keine Schlange erhalten. Gott schenkt nichts Böses oder Vernichtendes. Was aber geschieht, wenn einer, der um ein Ei bittet, plötzlich ein Huhn bekommt? Und der mit dem Fisch eine Angel?

Natürlich werden sie sich erst mal beschweren, dass sie nicht das bekommen haben, was sie gewollt haben – um vielleicht irgendwann später einmal zu erkennen, dass das, was Gott ihnen geschenkt hat, unendlich viel mehr ist, als das, was sich ihre Fantasie erbitten konnte.

Ganz ehrlich gesagt: Ich bin froh, dass Gott manche Bitten in meinem Leben nicht so erfüllt hat, wie ich es gerne gehabt hätte. Seine Ideen waren eindeutig besser.

Die Bibel verstehen in 25 Schritten (2004)

HOFFNUNG

Eigentlich bin ich mit fast all dem, was ich mir vorgenommen hatte, gescheitert – weil es da etwas Besseres, Schöneres, Herausfordernderes gab, das zwar auf den ersten Blick meine Pläne durchkreuzte, aber sich dann, als ich mich seufzend und stöhnend darauf einließ, als das eindeutig »Richtigere« erwies.

Rückblickend habe ich schon den Eindruck: »Ich habe manchmal zu eng, zu klein, zu wenig weit gedacht!« Da hat ein Anderer, und das ist für mich Gott, seinen größeren Horizont eingebracht. Meine Pläne, meine Vorhaben, waren vielleicht manchmal eine Spur zu klein, eine Spur zu viel auf Sicherheit bedacht, eine Spur zu wenig unkonventionell.

Gott hat die meisten meiner Pläne ziemlich durchkreuzt, Gott sei Dank. Ich bin froh drum! Dadurch ist eine Weite, eine Freiheit, eine Hingabe in mein Leben gekommen, in der ich nicht mehr der Mittelpunkt der Welt bin. Und darin begründet sich auch die Hoffnung, dass Gott damit ja wohl hoffentlich nicht aufhören wird, bloß weil ich inzwischen etwas älter geworden bin.

Ja, ich hatte mal wieder Pläne – nach der Zeit hier in Viernheim vielleicht noch einmal auf eine andere Stelle zu wechseln. Und dann kann man ja auch so langsam den Ruhestand anpeilen.

Vergiss es!

Das Wort »Südafrika« stand plötzlich im Raum. Und irgendwie begann ich zu ahnen, dass die nächsten Jahre meines Lebens vielleicht doch nicht so ruhig werden würden. Die Anzeichen, dass etwas Neues ansteht, verdichteten sich.

Und ich war bereit zum Aufbruch. Weil ich gelernt habe, dem Leben und meinem Gott zu vertrauen.

Klar, ich muss trotzdem mein Leben planen und in den Blick nehmen – aber ich bin auch bereit, meine Pläne durchkreuzen zu lassen, wenn Gott etwas Besseres für mich weiß. Und ich glaube, genau das ist Hoffnung – Meines ihm geben und darauf vertrauen, dass er etwas Gescheites daraus machen wird. Meinen Teil tun und ihm seinen nicht abnehmen. Mir meine Pläne und Vorstellungen durchkreuzen lassen – und darauf vertrauen, dass er mit mir geht. Gehen im Vertrauen darauf, dass er weiß, wo es mit mir hingehen soll.

Hoffen – das ist immer auch Risiko, denn Hoffnung ist ein Weg voller Vertrauen durch die Nebel hindurch …

misty cliffs

es gibt
eine welt
hinter der welt

du musst nur
durch
die nebel hindurch

die zweifel
die angst
das festhalten

dein fragen
dein sorgen
deine wichtigkeiten

der weg
in die andere welt
geht immer durch die nebel hindurch

und erst dann
wirst du erkennen
was wirklich zählt

übrigens:

das passwort
für den fährmann
heißt:

liebe

26. November 2004

Nur wer liebend ist, kann hoffend sein. Liebe ist kein Machen und Tun – lieben ist eine Haltung, eine Einstellung. Und wer liebend ist, glaubt daran, dass es gut wird. Auch wenn Pläne und Ideen durchkreuzt werden ... Liebe liebt sich durch alle Mauern hindurch – und Hoffnung glaubt an das Licht hinter allen Nebeln ...

warum
eigentlich
nicht

lieben
wagen
träumen

anders sein
mutig
beherzt

es probieren
voll sehnsucht
und neugier

aufbrechen
tanzen
singen

berührt sein
verstummen
lauschen

voll angst
mit zweifeln
allein

und doch
trauen wagen
hoffen   und
                           der
                           nächste

schritt

1. Dezember 2008

Also gut … dann peilen wir doch mal Südafrika an …

Ich fing an, mich ein wenig kundig zu machen. Was könnte ich denn dort arbeiten – und was würde Sinn machen? Mir war mir relativ schnell klar, dass ich nicht einfach die Dinge, die ich hier tue und mit denen ich hier Geld verdiene, auf Südafrika übertragen kann. Ich bin dort ein »Niemand«, eine Fremde, und keiner wartet darauf, dass ich komme. Ganz zu schweigen davon, dass ich eine Arbeitserlaubnis brauche, um in Südafrika zu arbeiten und dort Geld zu verdienen – und die wird niemandem erteilt, der eine Arbeit macht, die auch von Südafrikanern getan werden könnte. Aber ich denke, es kann auch nicht darum gehen, einfach Dinge von hier nach Südafrika zu übertragen – es geht erst einmal um ein Hinhören, ein Hinschauen, ein Mitleben. Und vielleicht geht es sogar am meisten um das, was wir in Europa von Afrika lernen könnten …

Und so fing ich an, mit Freunden über diese Idee zu sprechen – was denkt ihr? Was haltet ihr davon? Wie könnte das gehen?

Eines der spannendsten Gespräche hatte ich mit Alexander Holzbach, einem Pallottinerpater aus Limburg, der ganz spontan reagierte und sagte: »Was willst du in Südafrika? Wir brauchen dich hier!« Ich schluckte erst einmal. Das war nun gerade nicht die Antwort, die ich mir für meine Südafrika-Pläne erhofft hatte.

Aber als ich nachdachte, musste ich ihm recht geben. Es gibt auch hier einen »Job«, den ich zu tun habe, es gibt Menschen, denen ich verbunden bin.

Okay … warum dann nicht Deutschland *und* Südafrika? Warum nicht hier arbeiten und das Geld verdienen, das mein Engagement in Südafrika finanziert? Und dann die andere Hälfte des Jahres in Südafrika sein, hörend, schauend, unterstützend? Bei irgendjemandem, der ein Zimmer für mich übrig hat, wo ich mitessen kann, spirituell eine Heimat finde? Und der auch mit meiner Unterstützung etwas anfangen könnte – und sie will?

Und natürlich fielen mir dann sofort Orden ein … Aber wie kommt man jetzt in Kontakt mit einem Orden in Südafrika?

Und dann ereigneten sich mal wieder die Dinge, die ich nicht erklären kann.

Es war im August 2007. Ich war zuständig für den Gottesdienstplan in unseren beiden Viernheimer Gemeinden. Am Dienstag rief mich die Pfarrsekretärin an und sagte: »Du hast Angelo für den Gottesdienst am Freitag eingetragen – aber da ist er noch in Verona!« Okay, keine Ahnung, wie der Fehler passiert ist – aber wir brauchten einen Priester für den Gottesdienst. Ich warf einen Blick auf unsere Namensliste und rief einen Pfarrer in Mannheim an, den ich lange mit Anfragen verschont hatte. Am Telefon war seine Haushälterin, die mir nett und freundlich erklärte, dass der Pfarrer im August »eucharistiefrei« habe und dass zudem ihre Schwester zu Besuch sei, eine Ordensschwester aus Südafrika. »Okay«, sagte ich, »würden Sie mir Ihre Ordensschwester für eine halbe Stunde ausleihen?«

Wir machten dann einen Kaffeetermin aus – und ich erzählte einfach von meinen Überlegungen. Und dann sagte die Schwester: »Natürlich brauchen wir Sie in Afrika! Geld ist das eine, aber wir brauchen auch Menschen, die einfach

Liebe bringen! Wir brauchen Menschen, denen die Menschen in Südafrika wichtig sind! Die ihnen Selbstbewusstsein geben können, sie ermutigen!«

Also gut, da konnte sich immerhin jemand aus Südafrika vorstellen, dass ich da einen Ort und einen Platz finden würde.

Und als ich dann am Ende des Gespräches vorsichtig fragte, wo sie denn als Schwester eigentlich arbeiten und leben würde, stellte sich heraus, dass es die Provinzoberin der *Mariannhiller Schwestern* war.

Und so landete ich im April 2008 das erste Mal in Mariannhill. Mariannhill liegt im Nordosten von Südafrika, etwa zwanzig Kilometer von Durban (und dem Indischen Ozean) entfernt. Und um die Entfernungen dort ein wenig einschätzen zu können: 1.800 Kilometer von Kapstadt!

»Mariannhill«: Diesen Namen hat Franz Pfanner einer kleinen Anhöhe (engl. »hill«) gegeben. Der erste Teil des Namens bezieht sich auf Maria, die Gottesmutter, und ihre Mutter, die heilige Anna (Mari-Ann). Franz Pfanner kam aus Vorarlberg. Er war Trappist, und im Auftrag seines Ordens baute er das Kloster Mariastern in Bosnien. Bei einem Generalkapitel 1879, bei dem er eigentlich zum Abt gewählt werden sollte, bittet ein Missionsbischof um die Gründung eines Klosters in Südafrika. Da steht Franz Pfanner auf und sagt: »Wenn keiner geht, dann gehe ich.« Nach einigem Suchen finden er und einige Mitbrüder 1882 diesen Platz bei Durban.

Hier entsteht in zwei, drei Jahren das größte Trappistenkloster der Welt. Außerdem gründet Franz Pfanner den Orden der Missionsschwestern vom Kostbaren Blut. Mariannhill wird zu einem Missionszentrum mit Schulen, Krankenhäusern und vielen Außenstationen. Das allerdings ist mit den beschaulichen Ordensidealen der Trappisten nicht mehr vereinbar. Nach vielen Querelen löst Papst Pius X. 1909 Mariannhill aus dem Trappistenorden heraus; damit kann sich ein eigenständiger Orden der Mariannhiller Missionare gründen, der heute 400 Mönche umfasst. Die Missionsschwestern vom Kostbaren Blut zählen heute 900 Schwestern, vor allem in Afrika, aber auch in Korea, Kanada und in Europa.

vielleicht
anders herum

ganz ehrlich gesagt
ich habe afrika
nicht viel
zu bieten

das was ich kann
ist westeuropäisch
und ob das den export
wert ist

afrikanisch
kann ich nicht
aber ich würde es
gerne lernen

ich würde gerne
das was ihr könnt lebt seid
zu uns bringen
sozusagen importieren

ihr gebt mir was
und ich verspreche euch
ich gebe es hier
weiter

3. August 2007

FREIHEIT

Ostern eröffnet die grenzenüberschreitende Freiheit zum
Spiel der neuen Schöpfung. Christus litt, damit wir wieder
lachen können. Er starb, damit wir wieder befreit leben
sollen. Er fuhr in die Hölle der Verlassenheit, um uns den
Himmel der Freiheit zu öffnen.
JÜRGEN MOLTMANN

Wo der Geist des Herrn ist, da ist Freiheit.
2. KORINTHERBRIEF 3,17

Je enger der Horizont, umso weniger Gott. Je weiter und
toleranter, umso großzügiger Gott. Je mehr Angst, umso
weniger Gott. Je mehr Freiheit, umso mehr Gott.
Tagebuch 18. November 1997

Ich bin nicht wahrhaft frei, wenn ich einem anderen die
Freiheit nehme, genausowenig wie ich frei bin, wenn mir
meine Freiheit genommen ist. Um frei zu sein, genügt es
nicht, nur einfach die Ketten abzuwerfen, sondern man
muss so leben, dass man die Freiheit des anderen respektiert und sie fördert.
NELSON MANDELA

Freiheit – das ist für mich ein spannendes Wort, im wahrsten Sinne des Wortes: Da steckt Spannung drin. Spannung finde ich erst einmal nicht schlecht, solange es nicht zu einer »Überspannung« kommt und alle Sicherungen durchbrennen. Bei uns zu Hause war »Freiheit« kein besonders wichtiges Wort. Da galt eher noch die alte Regel »Solange du deine Füße unter meinen Tisch streckst …«.

Dann gab es natürlich die Reinhard-Mey-Phase mit der grenzenlosen Freiheit über den Wolken – na ja, ich liebte und liebe das Lied, aber ehrlich gesagt: So unbedingt frei fühle ich mich in einem vollbesetzten Airbus elf Kilometer über dem Erdboden nicht, und ich bin auch immer ganz froh, wenn der Flieger wieder sicher gelandet ist.

In den späten siebziger Jahren in Frankfurt Sozialpädagogik zu studieren bringt einen mit Marx und Engels in Kontakt, mit Studentenselbstverwaltung und der Frage, ob Studenten eigentlich überhaupt streiken können. Da gab es Demos und viel Aufbruch und Emanzipation – aber eigentlich hatte auch das nicht so viel mit Freiheit zu tun, es waren nur andere soziale Erwartungen. Die Kommilitonen fanden es nicht besonders gut, wenn man sich die Freiheit nahm, gegen einen Streik zu sein …

Ach ja – und dann gab es noch die frauenbewegten Jahre, in denen viele Frauen dachten, man könne Freiheit gegen oder ohne die Männer durchsetzen.

Es mag sich paradox anhören – aber ich glaube, es gibt ein Verständnis von Freiheit, das eher fesselt, bindet, das Leben klein macht. Freiheit heißt nicht, alles zu wollen und alles zu können und alles zu haben. Freiheit hat nichts, aber auch gar nichts mit Grenzenlosigkeit zu tun.

»Über den Wolken muss die Freiheit wohl grenzenlos sein …«
So besingt Reinhard Mey einen uralten Wunschtraum der
Menschen: die grenzenlose Freiheit. Aber, mit Verlaub, hier irrt
der Kollege – und der Wunsch nach der grenzenlosen Freiheit
ist nicht nur schon deshalb richtig oder sinnvoll, weil er von
vielen Menschen geteilt wird.

Die grenzenlose Freiheit, die gibt es nicht. Es gibt Bedin-
gungen, in die wir hineingestellt sind – unsere Geschichte,
unsere Möglichkeiten, Ort, Zeit und Raum. Natürlich stehen
mir theoretisch alle Möglichkeiten offen, jeden Beruf zu ergreifen oder gar einen neuen zu erfinden. Aber ich muss Rücksicht
nehmen auf meine Begabungen, auf die Notwendigkeit, Geld
zu verdienen, auf das, was machbar ist. Und darüber hinaus
gilt: Etwas, das keine Grenzen hat, verschwindet im Nichts.
Der grenzenlose Horizont, das ist die Weite, in der man sich
verliert. Selbst wenn ich die Freiheit hätte, alles zu tun – in
dem Moment, *wenn* ich etwas tue, verliere ich diese Freiheit –
gerade weil mein Tun anderes wieder ausschließt. Und wenn
ich gar nichts tue, um ebendiese Freiheit nicht zu verlieren,
dann ist und geschieht eben auch nichts. Was aber will ich
dann mit dem Traum einer grenzenlosen Freiheit, der gar nicht
lebbar ist?

Erst wenn ich von dieser angeblichen Grenzenlosigkeit
Abschied nehme, kann etwas sein und werden. Und erst dann
werde *ich* sein …

Es gibt keine grenzenlose Freiheit – aber es gibt eine
Freiheit der Entscheidung. Ich kann mich für das eine entscheiden – und damit gegen etwas anderes. Ich kann aus verschiedenen Möglichkeiten eine auswählen, auch wenn ich damit
auf x andere Möglichkeiten verzichten muss. Ich kann etwas

gewinnen, wenn ich anderes loslasse – wer nicht loslassen kann, wird gar nichts bekommen. Wer sich an der Wegkreuzung nicht entscheiden kann, welchen Weg er nehmen will, wird unschlüssig stehen bleiben – und gar keinen Weg gehen. Ich kann nicht alles haben – aber ich kann mich für das entscheiden, was ich gerne haben möchte.

Gott schenkt uns Menschen nicht die grenzenlose Freiheit, eben weil es die gar nicht gibt – aber er schenkt uns die Freiheit der Entscheidung. Er gibt uns die Macht, unsere Entscheidungen in Freiheit zu treffen. Wir sind keine Marionetten, die an irgendwelchen Fäden hängen, an denen der Puppenspieler Gott zieht. Unser Handeln und Tun ist nicht durch eine ferne Macht vorherbestimmt, sondern wir sind frei zur eigenen Entscheidung. Und diese Freiheit ist so groß, dass wir uns auch gegen Gott entscheiden dürfen und können.

Und jeden Tag mehr leben. Jahreslesebuch (2003)

»Leben und Tod lege ich dir vor« (Deuteronomium 30,19). Du kannst dich entscheiden. Jede Entscheidung bringt Konsequenzen mit sich, und auf die weise ich dich hin. Aber ich zwinge dich nicht zu dem einen oder dem anderen – so könnte man vielleicht dieses Wort aus der Bibel weiterspinnen. Wer sich an Irdischem ausrichtet, wird Vergängliches ernten, wer sich am Ewigen orientiert, an dem, was über das vorläufig Irdische hinausgeht, der wird Ewiges erhalten, der wird leben: »Leben und Tod lege ich dir vor, du aber wähle das Leben.«

auferstehung

fahl dämmert
der morgen herauf

nur langsam weicht
das dunkel

doch
da

ein leiser ton
ein zarter klang

ein hauch des windes
ein funkenschlag

lockt und verführt
und ruft heraus

auferstehung

    es ist
    deine

    entscheidung

8. April 2007

Paulus schreibt in seinem Brief an die Korinther: Wo der Geist des Herrn wirkt, da ist Freiheit. Der Geist Gottes will uns frei machen!

Freiheit! Ein Wort, das es bei uns heute schwer hat – denn wir leben zu einer Zeit und in einem Staat, der uns scheinbar alle Freiheiten gibt: Wir können uns hier in einer Kirche zum Gottesdienst versammeln und brauchen keine Angst haben, dass wir anschließend verhaftet werden. Wir können unsere Regierung demokratisch wählen. Wir können reisen, wohin wir wollen.

Das alles aber war und ist nicht selbstverständlich – und es gibt genug Gegenden in unserer Welt, wo all das nicht möglich ist. Und auch in unserem Land haben Menschen immer wieder um diese Freiheit kämpfen müssen – einige von Ihnen haben es noch erlebt. Und auch in Südafrika ist dieser Kampf um die Freiheit gerade mal zwanzig Jahre her.

Für uns ist es irgendwie selbstverständlich geworden – und deshalb auch nicht mehr so bedeutsam, es berührt uns nicht mehr, weil wir das tun können, was wir tun wollen.

Aber ist es wirklich das, was Freiheit meint: dass wir das tun können, was wir tun wollen?

Freiheit – das heißt, aus der Enge in die Weite hinauszugehen, nicht mehr klein/klein zu denken, sondern in größeren Dimensionen. Das heißt, einen Sinn im Leben zu entdecken, für etwas leben, atmen zu können. Das heißt, das eigene Leben zu leben und nicht das der anderen. Das heißt, auszubrechen aus den Gefängnissen, die mir andere oder ich selbst mir gebaut haben! Das heißt, sich auszustrecken nach dem, was noch sein könnte!

Sind wir wirklich frei?

Oder haben wir uns in unseren Gefängnissen nur gemütlich eingerichtet? Haben uns zufriedengegeben mit dem, was möglich ist – und unsere Träume verraten? Leben wir im Horizont der Erwartungen anderer an uns: bloß nicht auffallen, nur nicht anecken? Haben wir unser Leben selbst eng und klein gemacht – statt die Weite und die Frische zu leben? So hat Paulus Freiheit sicher nicht verstanden – und die Gemeinde in Korinth auch nicht!

Eine andere Freiheit ist damit gemeint, eine Freiheit, die aus unserem Glauben kommt, aus unserer Beziehung zu Gott. Es ist eine Freiheit, die lebendig macht, eine Freiheit, die nichts mit Enge und starrer Erfüllung von Geboten und Gesetzen zu tun hat – denn der Buchstabe tötet. Es ist eine Freiheit, die Lust am Leben atmet, voller Zärtlichkeit und Liebe und manchmal auch voll Zorn oder Tränen. Es ist eine Freiheit, die von innen nach außen geht, weil einer diese Freiheit in uns hineingeliebt hat, Jesus Christus.

Das ist eine andere, eine tiefere Freiheit als nur »das zu tun, was wir tun wollen«. Es ist eine Freiheit, aus der Dietrich Bonhoeffer gelebt hat und Sophie Scholl, Alfred Delp und Edith Stein, um nur einige Namen aus dem letzten Jahrhundert zu sagen. Es ist eine innere Freiheit, aus der Nelson Mandela lebt und der Dalai Lama, eine innere Freiheit, die auch durch Gefängnis und Tod nicht genommen werden kann. Das ist die Freiheit, zu der wir ganz persönlich eingeladen sind.

Es mag sich paradox anhören – aber diese Freiheit braucht eine Bindung. Ich brauche die Wurzeln tief in der Erde, damit ich dem Himmel entgegen wachsen und entgegen blühen kann. Ich brauche mein »Ja« zu Gott, meine

Verwurzelung in ihm, damit ich mich dem Leben entgegenstrecken kann. Freiheit heißt eben nicht Unverbindlichkeit oder »Nicht-Entscheidung«, ganz im Gegenteil. Freiheit heißt, mich für das zu entscheiden, mich an das zu binden, was mein Leben und meine Lebendigkeit will – aller Enge und allen Gefängnissen meines Lebens zum Trotz. Freiheit heißt eben nicht Beliebigkeit, sondern Entschiedenheit.

Ich binde mich an Gott – und genau diese Verbindung kann mich frei machen. Ich binde mich an Gott, ich verbinde mich mit Gott – um lebendig und frei zu sein. Das ist die Zusage: Diesen Geist hat er uns gegeben, und aus diesem Geist sollen wir zu Botschaftern dieser Freiheit werden.

Zur Freiheit hat uns Christus befreit.

GALATER 5,1

zumutung

im alltag verfangen
verlier ich mich
zwischen terminen
und erwartungen
steuererklärungen
und geburtstagseinladungen
dem käsekuchenrezept
und der bescheinigung
für den arbeitgeber

alltag eben
zu erledigen
zu funktionieren
zu machen
zu tun

und ich erledige
ich funktioniere
ich mache
ich tu

und verlier mich
und find mich nicht
und sehne mich
und will

sein
endlich sein

frei will
ich sein

frei von erwartungen
von druck
von zu erledigendem
von dem was man von mir will

und da höre ich das wort
zur freiheit hat uns
christus befreit

zur freiheit
befreit
weil es
eine mitte gibt

zur freiheit
befreit
weil es
ihn gibt

zur freiheit
befreit
um zu
sein

so wie ich bin
herausgerufen
eingeladen
geliebt

zur freiheit berufen
mutet gott sich zu

gott mutet mich
mir zu

zur freiheit
berufen
mutet mir gott
das leben zu

Kann es sein, dass ich für die Freiheit meines Lebens selbst
verantwortlich bin?

Die Schuld auf andere zu schieben, ist zu billig. Ich
mache mich selbst unfrei, wenn ich das Leben vergesse,
wenn ich mich so sehr in das Alltagsgeschäft verwickeln
lasse, dass ich die notwendige Distanz verliere.

La Rochefoucauld, ein französischer Schriftsteller des 17. Jahrhunderts, sagt es so: »Wer sich zu viel mit Kleinem abgibt, wird meist unfähig für das Große.« Es liegt an mir, womit ich mich abgebe, was mich erfüllt und beschäftigt. Es liegt an mir, was für mich und mein Leben wichtig ist. Es liegt an mir, wem und was ich Platz in meinem Leben gebe.

Endlich wieder klar

nein
ich verkaufe mein Leben nicht mehr
an nichts und niemanden
nicht für Geld
und gute Worte

nein
ich lasse mich nicht mehr einsperren
von Bildern und Erwartungen
nicht durch Druck
und nicht durch Drohung

nein
ich lasse mich nicht mehr lähmen
von meiner Angst, nicht geliebt zu sein
nicht durch Probleme anderer mit mir
und nicht durch Konflikte, die nicht meine sind

nein
ich verliere mich nicht mehr
in scheinbar Wichtigem
das so unwichtig ist

nein
ich will es nicht mehr
allen recht machen
und keine Zeit mehr für mich haben

nein
ich will so
nicht mehr leben

stattdessen
will ich mir Zeit nehmen
dem Schmetterling zu folgen
und dem Zug der Vögel
dem Weg der Wolken
und dem Klang einer Melodie
dem Tanz der Blüten am Zweig
und dem Traum der Nacht

ein Glas Rotwein mit Freunden
ein Telefonanruf
ein Brief
ein gutes Wort
Gebet und Stille und Raum

und glauben
einem Stern
der Verheißung
der Zusage

und leben
endlich wieder

leben!

2. April 2001

Es liegt auch an mir, wie ich mein Leben lebe. Es liegt an mir, welche Prioritäten ich setze. Es liegt an mir, wie ich mit Erwartungen umgehe, die andere an mich stellen. Ich bin es, die zu etwas »ja« oder »nein« sagt.

Der kleine Drache Hab-mich-lieb holte tief Luft, »ich habe in diesen Tagen verstanden, dass zur Liebe das ›Ja‹ und das ›Nein‹ gehören – und ich spüre, dass mir das ›Ja‹ eigentlich viel leichter fällt. Ich kann schwer ›nein‹ sagen!« Ferdinand, der Kater, dachte nach: »Ich sage eher Nein als Hab-mich-lieb. Mir ist meine Unabhängigkeit wichtig. Leben bedeutet doch unterwegs sein – wie will ich mich da festlegen?« Moya fragte behutsam: »Kann man denn nicht auch gemeinsam unterwegs sein?« Hab-mich-lieb fügte hinzu: »Weißt du, Ferdinand, mir geht es ähnlich wie dir. Ich suche noch immer meinen Traum – auch wenn ich gemeint habe, ich hätte ihn mit dir schon gefunden. Aber das allein ist es nicht, das habe ich inzwischen verstanden, und deshalb will ich weitersuchen. Und doch mag ich gerade bei dieser Suche ein bisschen geborgen sein …« – »Puh«, sagte Ferdinand, »ich kann dich aber nicht bergen, Hab-mich-lieb! Ich mag dich gerne begleiten, soweit ich es kann, aber mehr darfst du von mir nicht erwarten!« – »Ja, aber, wer birgt mich dann?«, fragte Hab-mich-lieb ratlos und schaute Moya an. »Niemand«, sagte Moya ernst. »Ferdinand wird es nicht tun und ich auch nicht. Du musst lernen, dich selbst zu bergen und zu schützen. Du kannst diese Aufgabe nicht an andere abgeben.«

Kater sind eben so (1991)

(Kleine südafrikanische Zwischenbemerkung: Als ich damals das Märchen vom kleinen Drachen schrieb, wollte ich dem Zauberer einen »warmen, dunklen« Namen geben. Er sollte etwas von dem ausdrücken, was ich dem Zauberer zuschrieb: ein Freund, ein Begleiter, einer der raten kann, einer der gut will. Und nach einigem »Rumprobieren« entschied ich mich dann für »Moya«, einen Fantasienamen. Jetzt in Südafrika sangen Schwestern bei einem Kurs ein Lied, in dem dauernd »Moya« vorkam. Und dann fragte ich natürlich nach – und war vollkommen verblüfft, als ich hörte, dass bei den Zulus »Moya« der gute, der Heilige Geist ist. Wie kann es sein, dass man über Laute eine Idee ausdrücken will und in einer anderen Sprache auf dieser Welt gibt es dieses Wort tatsächlich – und drückt genau das aus?)

Ich muss lernen, für meine Freiheit und für meine Geborgenheit Verantwortung zu übernehmen. Ich kann diese Aufgabe nicht an andere delegieren.

Freiheit und Bindung, Freiheit und Treue sind keine Gegensätze, im Gegenteil. Ich entscheide mich in aller Freiheit für eine Bindung: für einen Menschen, einen Freund, eine Aufgabe, eine Idee, für Gott. Ich entscheide mich für einen Weg und entscheide mich damit gegen drei andere Möglichkeiten.

Und gerade durch diese Entscheidung, die mir anscheinend meine Freiheit nimmt, werde ich frei. Eine alte Beraterweisheit lautet: »Wer sich nicht positioniert, wird positioniert werden!« Wenn ich mich nicht entscheide, werden andere für mich entscheiden. Wenn ich nicht weiß, was ich tun will, werden mir andere sagen, was ich tun soll. Wenn ich nicht weiß, wer ich sein will, werden mir andere sagen, wie ich sein soll. Und dann zieht die Unfreiheit in mein Leben ein …

Eine getroffene Entscheidung zieht zwar Grenzen, aber schafft damit auch Identität. Und das hat wiederum etwas mit Heimat und Geborgenheit zu tun. Ich weiß, wo ich hingehöre, ich weiß, was ich will – und ich weiß, worauf ich verzichte. Aus einem solchen Gehalten-Sein heraus kann ich wieder neu handeln.

Damit ziehen die Gegensätze in mein Leben ein, die gelebt sein wollen: Beten und Arbeiten, Kampf und Kontemplation, Widerstand und Ergebung, Ruhe und Bewegung – und welche Gegensätze es auch immer noch geben mag.

Es ist gut, dass es eine solche Spannung in meinem Leben gibt: das ist die Garantie für Lebendigkeit. Auch elektrischer

Strom fließt nur zwischen zwei entgegengesetzten Polen. Dort, wo es nur einen Pol gibt, fließt und lebt nichts mehr.

Leben geschieht nicht dadurch, dass ich einen der beiden Pole aus meinem Leben herauswerfe, ihn negiere, nicht wahrnehme – Leben geschieht nur dadurch, dass ich mich in die Spannung hineinstelle. Und mein Part ist es, dieser Spannung Raum zu geben, sie zu gestalten, sie nicht zu einer »Unter-« oder einer »Überspannung« werden zu lassen.

Es braucht das eine und das andere in meinem Leben. Und genau dafür steht das Kreuz. Es verbindet oben und unten, Himmel und Erde, Gott und Mensch. Und dort, wo die Gegensätze sich treffen, wo das »und« sein darf, herrscht einen Augenblick lang Frieden.

Hier vereinigen sich
Gott und Mensch
Himmel und Erde
Zusage und Hingabe
Lieben und Leiden
Tod, Tanz und Traum
du und ich

Trauer und Trost
Zweifel und Zuversicht
Angst und Freude
Hoffnung und Heimatlosigkeit
Kreuz und Heil
Tod und Leben

das Kreuz
vereint die Gegensätze
ohne sie aufzuheben
verbindet das Gegensätzliche
ohne es gleichmachen zu wollen

und dort
wo es sich kreuzt
ist der Punkt
um den sich alles dreht

und in dem Punkt
ist Frieden

und in dem Punkt
lebt
die Ewigkeit

Ich glaube, das ist Freiheit …

DUNKEL

Gott ist nicht nett, Gott ist kein Onkel – Gott ist ein Erd-
beben.
RICHARD ROHR

Um die vierte Nachtwache kam Jesus auf sie zu; er ging auf
dem See. Als ihn die Jünger über den See kommen sahen,
entsetzten sie sich, weil sie meinten, es sei ein Gespenst,
und sie schrien vor Angst auf. Er aber redete sie sogleich an
und sagte: Habt Vertrauen, ich bin es. Fürchtet euch nicht!
MATTHÄUSEVANGELIUM 13,25–27

Dunkles Gebet
Ich schreie – und du kommst nicht. Ich weine – und du
tröstest mich nicht. Ich bettle - und du hörst mich nicht.
Von Gott verlassen – aber immer noch du sagen.
31. Oktober 2002

Dem, der einen in der Nacht führt, muss man am Tage
Dank sagen.
SPRICHWORT AUS AFRIKA

Irgendwie fand ich es typisch.

Ich hatte einer älteren Tante von mir »Wer leben will wie Gott« (2005) zukommen lassen, das Kreuzwegbuch, das ich zusammen mit Angelo und Billy, einem südafrikanischen Künstler, gemacht hatte. Und dann bekam ich ein Kärtchen mit einem Dankeschön zurück – und der einfühlsamen Frage: »Aber warum bist du oft so bedrückt?«

Dass Texte zu einem Kreuzweg nicht gerade vor Fröhlichkeit sprudeln, ist mir schon klar. Es sind keine »leichten« Texte. Aber ich bin mir nicht so ganz sicher, ob »bedrückt« das richtige Wort dafür ist. Ich würde es eher so sagen: Ich habe dem Dunkel einen Raum in meinem Leben gegeben. Ich habe akzeptiert, dass der Tod, das Leiden, die Schmerzen in meinem Leben vorkommen – und wenn sie sowieso schon da sind, dann kann ich ihnen ja auch gleich ein Zimmer in meiner Wohnung geben. Natürlich könnte ich sie ignorieren – aber dann hocken sie, um mal in dem Bild zu bleiben, in meiner geliebten Sofaecke herum. Oder ich könnte sie vor die Tür setzen, aber dann klingeln und klopfen sie aufdringlich und wollen herein. Sie werden nicht weggehen – und dann gebe ich ihnen doch lieber gleich einen Platz in meinem Leben, über den ich noch halbwegs bestimmen kann, als dass ich ihnen erlaube, sich ungefragt und ungebeten irgendwo einzunisten.

Und dann gibt es eben solche Zeiten, in denen ich in meinem dunklen Zimmer sitze – und Gespenster sehe und heule und nicht mehr weiter weiß. Und es ist in Ordnung so – und es darf so sein. Was ist denn schlimm daran, solange ich darum weiß, dass es in meiner Wohnung auch noch andere Zimmer gibt?

Diese dunklen Stunden und Tage in meinem Leben waren und sind nicht einfach und leicht – und sie tun weh. Und doch möchte ich keine davon missen. Ich glaube, es sind wichtige Zeiten, entscheidende Stunden. In ihnen wächst in mir etwas heran, was zu neuem Leben führt, zu einer Erfahrung, einer Erkenntnis, einem anderen Handeln. Es sind Stunden, die einen »Unterschied machen« – die etwas in Bewegung bringen. Welchen Grund gäbe es sonst, in meinem Leben etwas zu ändern, wenn es immer nur eitel Freude und Sonnenschein gäbe? Wenn alles so läuft, wie es laufen soll, braucht man ja auch nichts zu verändern …

Durch-leben
die Ungewissheit
die Einsamkeit
die Trauer

weinen
lachen
Menschen suchen
zurückziehen

Sonne
Regen
Wind
Erde

durch Schmerz
und Dunkelheit
ans Licht
um zu blühen

wachsen

Ich mag Gänseblümchen (1985)

Ich reagiere inzwischen ziemlich allergisch auf Menschen, die mir dieses Dunkel wegreden oder wegtrösten wollen. Verflixt noch mal, es ist halt nun grad so – und es ist okay so. Ich bin traurig, und ich fühl mich allein und keiner versteht mich. Abgesehen davon, dass es so ja objektiv gesehen gar nicht stimmt – ich bin weder allein noch unverstanden, auch wenn ich es in dem Moment so empfinde – aber was wäre denn so schlimm daran?

manchmal
besucht mich
meine Traurigkeit

gestern Abend
war sie
wieder da
meine Traurigkeit

sie hatte sich
nicht angemeldet
hatte nicht
an der Tür geklopft

plötzlich stand sie
einfach da
und schaute mich
nur an

und ich
schaute weg
wandte
mich ab

aber sie
kennt mich
kennt mich gut
meine Traurigkeit

sie ist da
schaut mich
nur an
und berührt mich

und zitternd
stehe ich still
und lass mich
berühren

lass
mich

von meiner Traurigkeit
umarmen

und umarme
meine Traurigkeit

12. Dezember 2001

Das Dunkel macht vielen Angst, sie können es nicht gut haben. Und dann drängen sie es aus dem eigenen Leben heraus – und wollen es im Leben anderer nicht zulassen. Auch in kirchlichen Kreisen und Gruppierungen gibt es solche Bestrebungen, die einem irgendwie so eine Art »Wellness-Christentum« verkaufen wollen: Glaub nur kräftig genug, dann geht es dir gut! Lach doch – Gott liebt dich! Gott heilt auch dich! Ehrlich gesagt: Solchen Versprechungen traue ich nicht besonders über den Weg.

Ich finde solche Versprechen unredlich – denn sie können und werden nicht eingelöst werden. Gott wird das Dunkel aus unserem Leben nicht wegnehmen. Er wird unsere Tränen abwischen, ja – aber er kann nicht verhindern, dass wir sie weinen. Er ist die Auferstehung, ja – aber das nimmt uns den Tod erst einmal nicht ab. Jesus Christus ist am Kreuz gestorben – nicht um uns das Leiden zu ersparen, sondern um uns zu zeigen: Ich gehe wirklich alle Wege mit euch – auch die dunklen!

Das Dunkle ist Teil unseres Lebens. Und wir werden es nicht dadurch »wegkriegen«, dass wir es nicht zur Kenntnis nehmen oder mit irgendwelchen billigen Salbungspflastern zukleben. Manchmal ist ein solidarisches, hilfloses Verstummen und Aushalten vielleicht sogar ehrlicher als Worte, die vertrösten wollen – die aber durch nichts gedeckt sind.

Und vor diesem Dunkel bleiben auch diejenigen nicht verschont, die sich auf den Weg mit diesem Gott begeben – im Gegenteil. Der Vierfarbprospekt für Berufe in der Kirche sagt nichts Falsches – aber er verschweigt etwas.

Es war eine verrückte Woche: Dankeschön-Abend für die ehrenamtlichen Mitarbeiter von zwei Gemeinden, die Beerdigung von zwei Menschen, die tödlich verunglückt sind und eine Rolle in meinem Leben gespielt haben, Betriebsausflug, ein Vortrag, die Verabschiedung der beiden Zivildienstleistenden, Innenstadtfest – und dazwischen Telefonate, Begegnungen, Briefe, E-Mails, und der ganz normale Alltag halt …

Ich könnte nicht sagen, mit wie viel Menschen ich in dieser Woche gesprochen habe, gute, schöne, wichtige Gespräche hatte. Und es tut gut zu erleben, dass man gemocht wird, dass die Arbeit, die man macht, geschätzt wird, die Nähe zu einem gesucht wird.

Und doch – an diesem Sonntagabend macht sich ein Gefühl von Einsamkeit in mir breit. Natürlich, es gäbe x Leute, die ich jetzt anrufen könnte, bei denen ich auf ein Bier vorbeigehen könnte. Aber ich will nicht – und ich glaube, selbst wenn jetzt Dutzende von Menschen um mich herum wären, würde es mir dieses Gefühl von Einsamkeit nicht nehmen, ganz im Gegenteil.

Und es kann sein, dass es sogar so sein muss …

Menschen, die sich in den Dienst Gottes stellen, sich von ihm wirklich mit allen Konsequenzen in den Dienst nehmen lassen, die machen sich damit selbst auch einsam. Da ist etwas zwischen Gott und mir, das »exklusiv« ist, andere ausschließt, auch den besten geistlichen Begleiter, den besten Freund – ganz zu schweigen von all den anderen, die sowieso den Kopf darüber schütteln, wie man denn so leben und arbeiten kann.

Man stellt sich der wahnsinnigen Aufgabe, Himmel und Erde miteinander in Beziehung zu setzen, Gott zu den Menschen zu bringen und die Menschen zu Gott. Berufung – das heißt auch, die Zumutung Gottes auszuhalten.

Und das ist so radikal und existenziell, das ist zugleich so einzigartig, so überwältigend, so tiefgehend und prägend, dass man es nur ganz für sich und ganz alleine erleben kann. Und die Tiefe dieser Erfahrung kann unsagbar glücklich machen, aber zugleich auch unsagbar einsam …

Solche Abende, an denen mir die Zumutung Gottes bewusst wird, sind nicht unbedingt leicht zu leben und zu gestalten. Und die Gefahr ist groß, vor dieser Erfahrung zu flüchten – jemanden anzurufen, den Fernseher anzuschalten, noch irgendwas wegzuarbeiten.

Damit aber würde ich eine Chance vergeben, die Chance, mich auf das zurückzubesinnen, was mich wirklich trägt und hält. Die Chance, mich in all meiner Verletzbarkeit von Gott berühren zu lassen. Die Chance, mich mit allen Schmerzen und Verletzungen neu auf Gott hin auszurichten. Die Chance, an genau dieser Zumutung Gottes auch zu wachsen …

Mag sein, dass genau das »Zölibat« meint – diese letztendliche Einsamkeit, die mich auf Gott und nur auf Gott verweist.

Diese Einsamkeit des Kreuzes, ausgespannt zu sein zwischen Himmel und Erde, Gott und den Menschen.

Nie wird mir diese Einsamkeit des Kreuzes bewusster als in der Liturgie des Karfreitags, wenn der Pfarrer der Gemeinde vor diesem Gott auf der Erde liegt, ausgestreckt, hingestreckt – sich ganz Gott und seiner Zumutung übergebend. Es bleibt mir nur, Gott diese Einsamkeit des Kreuzes hinzuhalten – damit er sie zur Auferstehung wandelt.

Und jeden Tag mehr leben. Jahreslesebuch (2003)

Ausgespannt

faszíniert vom Geheimnis
und bedroht von der Angst
ahnend um Wandlung
und nicht wissen wohin
erfüllt von der Liebe

an Grenzen kommen
ein du ein wir
und doch allein
Fülle des Lebens
im Dunkel der Nacht
Brot und Wein
und unstillbare Sehnsucht
Hingabe wird
Zumutung

ein schrecklicher Engel
tröstend
kein wenn und aber
ganz oder gar nicht
ich glaube Gott
und bin doch so sehr Mensch
und habe Angst
und will nicht zurück

im Zeichen des Kreuzes
ausgespannt
zwischen Himmel und Erde
Gipfel und Abgrund
Hoffnung und Angst
Gewissheit und Zweifel
Zusage und Aufgabe
Kraft und Grenze

unsagbar stark
und

unsagbar berührbar

Ja – manchmal kann das gefährlich werden. Wenn man diese Einsamkeit nicht mehr aushält – und in scheinbare Nähe flüchtet. Wenn man den anderen mit Erwartungen konfrontiert, die er gar nicht erfüllen kann. Wenn ich mein Leben und meine Lebendigkeit an andere delegiere.

Und das gilt nicht nur für diejenigen, die sich in den Dienst dieses Gottes stellen.

> *Und du glaubst, ich bin stark*
> *und ich kenn den Weg …*
> *Aber ich steh nur hier oben*
> *und sing mein Lied*
> ICH+ICH, »STARK«

ein abend
wie heute

ich bin
überhaupt

nicht
stark

ihr seht die
sonnenseiten

und wollt
den schatten

nicht
wahrhaben

ich bin
am ende

und weiß
nicht weiter

ich kann
nicht mehr

und es
wächst mir

über
den kopf

    es ist ein abend
    an dem ich

    nicht mehr
    will

    und
    nicht mehr
    kann

Ostern ist eigentlich ganz anders (2009)

Ja, auch mein Aufbruch nach Afrika hatte seine dunklen Stunden – die Stunden, in denen ich zweifelte, unsicher war, manchmal auch Angst bekam. Was ich verlassen würde, wusste ich – was da auf mich zukommen würde? Keine Ahnung!! Und ich weinte um zehn gute Jahre, die ich hier in Viernheim gelebt hatte, um die Zusammenarbeit mit Angelo. Und wusste gleichzeitig: Es ist Zeit für mich zu gehen und neu aufzubrechen. Und doch war es nicht leicht.

abschied

und ganz
behutsam

nehme ich
stein für stein

aus meinem
rucksack heraus

und mit einer träne
ziehe ich

meine wurzeln
zurück

und mit jedem stein
mit jeder träne

werde ich
leichter

und bereit
für den aufbruch

und doch

tut es

unsagbar
weh

3. April 2009

Es ist schwer, das eigene Dunkel auszuhalten – aber mir fällt
es manchmal noch viel schwerer, das Dunkel anderer auszuhalten. Ich leide daran, sie leiden zu sehen, und mich in meiner Ohnmacht und Hilflosigkeit erleben zu müssen. Für
mich kann ich in der Regel halbwegs sorgen; ich bin sowieso eher der Typ, der vieles mit sich alleine abmacht. Aber
andere Menschen grundlos leiden zu sehen, das macht mich
absolut wehrlos und traurig – oder unsagbar wütend. Das
sind Situationen, in denen ich an Grenzen komme: weil ich
nicht mehr kann. Und ich werde in Deutschland damit konfrontiert – und in Südafrika.

Und dann bleibt mir nur Gott.

Eigentlich fotografiere ich sehr gerne – aber in »Las Vegas« habe ich es nicht über mich gebracht, zur Kamera zu greifen.

Das »Las Vegas«, was ich meine, liegt in Winterveld bei Pretoria – und ist alles andere als ein Vergnügungsviertel, sondern eine Müllkippe. Und hier leben Menschen: auf dieser Müllkippe und von ihr. Aus dem Abfall haben sie sich eine Zeltplane hervorgeklaubt, drei Bretter, die sie notdürftig zusammengebunden haben, eine zerrissene Decke. Das ist ihr »Haus«. Sie durchwühlen den Abfall nach Plastikflaschen, die vielleicht zu ein ganz klein wenig Geld gemacht werden könnten, nach einer angeschlagenen Tasse, die eventuell noch benutzt werden kann, nach etwas zum Anziehen, das einem anderen längst schon zu schäbig war. Davon »leben« sie. Sie haben diesem Ort selbst den Namen »Las Vegas« gegeben – vielleicht ein letzter Akt der Lebendigkeit, als sie noch darüber lachen konnten.

Mich hat dieses Elend unsagbar berührt und ich konnte nichts mehr sagen – und ich konnte den Fotoapparat nicht hervorholen. Vielleicht war das sogar gut so. Diese Bilder haben sich tief in mir eingegraben, möglicherweise auch gerade deshalb, weil ich nicht den Fotoapparat zwischen mich und die Situation gehalten habe.

Seit diesem Tag fallen mir auch die Mercy-Sisters ein, wenn ich an »Frauen in Südafrika« denke – Ordensschwestern, ursprünglich aus Irland kommend. Sie haben in der Nähe von »Las Vegas« ein kleines Gesundheitszentrum aufgebaut, leisten medizinische Hilfe, besorgen Medikamente. Sie führen Alphabetisierungsprogramme durch, kümmern sich um Kinder, deren Mütter an Aids gestorben sind, versuchen diese Menschen in ihrer Würde als Mensch ernst zu nehmen und mit ihnen kleine Schritte hin zu etwas mehr Leben zu gehen – eine fast unmögliche Herausforderung. Das Geld, das durch Spenden zur Verfügung steht, reicht hinten und vorne nicht, die Ohnmacht der Menschen macht sich immer wieder in Aggressionen Luft – und oft genug kommt die eigene Kraft ans Ende, wenn wieder mal eine Idee gescheitert ist, die neu erworbenen Glasfenster durch Steinwürfe kaputtgehen, eine junge Mutter in ihrem Armen stirbt. Von diesen und anderen Frauen in Südafrika habe ich etwas gelernt: Manche Fragen, mit denen wir unsere Zeit verbringen, sind eigentlich ein ganz schöner »Luxus«.

Ja, manchmal bleibt nur Gott. Meine Traurigkeit, mein Leiden, meine Dunkelheiten dem geben, der über Grenzen geht. Denjenigen, dem ich nicht mehr helfen kann, in seine Arme legen. Eine Kerze anzünden, ein Gebet sprechen.

Das Leiden erspart Gott uns nicht. Aber er lädt uns ein, es ihm zu geben. Er trägt mit. Er geht mit uns.

Und manchmal, da treffen wir ihn gerade in diesen dunklen Stunden. Und er hält und trägt mit – wenn wir das wollen.

Aber auch schwimmen sollte man nicht erst dann lernen, wenn man am Ertrinken ist.

Segen

komm
wir bitten dich

und
segne uns

sei bei
uns

sei uns Licht
im Dunkel

sei der leise Ton
in all dem Lärm

sei die Stimme
die erinnert

sei die Hand
die sanft berührt

sei der Geist
der mich atmen lässt

sei
mein Gott

führe und
leite mich

ich bin bereit
deinen Weg

zu
gehen

Es war spät, als ich von dem Abendtermin in meine Viernheimer Wohnung kam, einem Vortrag in einem kleinen Ort,
etwa hundert Kilometer entfernt. Es hatte eigentlich alles
ganz gut geklappt, nur die Heimfahrt war anstrengend gewesen, fast auf der gesamten Strecke hatte es geregnet. Ich war
froh, als ich das Auto in die Garage stellen konnte.

Im Haus war schon alles dunkel. Kein Wunder, die anderen Mieter müssen morgens alle früh raus – und um die
Uhrzeit arbeitet kein noch so engagierter Arbeitskreis mehr,
der sich eventuell im Pfarrhaus treffen könnte.

In meiner Wohnung war es kalt, ich hatte vergessen, die
Heizung aufzudrehen. Ein Blick auf den Anrufbeantworter:
keine Nachricht. Ich zündete eine Kerze an, holte mir in der
Küche ein Bier und schaltete den Computer an. Eigentlich
müsste ich noch die Ausschreibung für den Wochenendkurs
fertig machen.

Und dann sitze ich vor dem leeren Bildschirm – und mir
fällt nichts ein. Ich fange einen Satz an und lösche ihn wieder. Ein Blick auf die Uhr: Ob man wohl noch jemanden
anrufen kann? Aber um die Uhrzeit wäre es nur eine Zu-

mutung und würde mir wahrscheinlich eher Ärger einbrin-
gen als ein gemütliches Gespräch. Fürs Bett bin ich noch zu
aufgedreht, und doch ist da irgendwie eine Müdigkeit in mir.

Gedanken und Bilder des heutigen Tages ziehen an mir
vorbei, halbherzig werfe ich einen Blick in den Terminkalender, was für die nächsten Tage ansteht, stehe auf, um
nach Unterlagen zu suchen, finde dabei ein Buch, das der
Verlag heute mit der Post geschickt hat. Ich blättere ein
wenig darin, lege es wieder zur Seite …

In einem plötzlichen Entschluss schalte ich das Radio
aus, fahre den Computer hinunter, knipse die kleine Schreib-
tischlampe aus – und stelle mich im Dunkeln ans Fenster.
Nur das kleine Licht der Kerze verbreitet noch ein wenig
Helligkeit. Auf der Straße ist alles ruhig, niemand ist mehr
unterwegs, kein Auto fährt vorbei.

Und mit einem Mal höre ich die Stille. Nur eine Uhr tickt
leise vor sich hin.

Und diese Stille umfängt mich, legt sich wie ein liebevoller Mantel um mich, hüllt mich ein, birgt mich. Und ich gebe
mich in die Stille hinein – und werde still. Die Eindrücke des
Tages verblassen, die Gedanken werden weniger schnell, ich
stehe einfach da und schaue – und kann die Stille hören.

Unwillkürlich geht mein Blick zum Himmel hoch – weg
aus der Enge der Straße. Und da leuchtet plötzlich ein Stern,
und dort drüben steht die schmale Sichel des jungen Mondes. Stille erfüllt mich, Gelassenheit, es weitet sich in mir, der
Atem geht ruhiger.

Und da sind sie plötzlich, die uralten Worte: »Ich ließ
meine Seele ruhig werden und still; wie ein kleines Kind bei
der Mutter ist meine Seele still in mir« (Psalm 131).

Es ist Mitternacht. Drüben an der Kirche geht die Außen-beleuchtung aus. Die Uhr im Wohnzimmer schlägt.

Ich habe meinen Frieden mit diesem Tag geschlossen. Ich fühle mich aufgehoben und geborgen.

Jetzt kann ich schlafen gehen.

HINGABE

Ich bin überzeugt, dass Gott niemanden für sich allein
beruft.
EDITH STEIN

Du sollst den Herrn, deinen Gott, lieben mit ganzem
Herzen, mit ganzer Seele und mit ganzer Kraft.
DEUTERONOMIUM 6,5

Ich bin zur Antwort bereit. Ich bin bereit, mich dir zu
geben. Ich bin bereit, mich dir anzuvertrauen, dir mein
Leben zu geben, mich von dir in Dienst nehmen zu lassen.
Tagebuch vom 18. Oktober 1997

Welcher Tausch! Gott schenkt sich uns, wenn wir ihm das
Wenige geben, das wir haben.
ABT FRANZ PFANNER, GRÜNDER VON MARIANNHILL

Hingabe, Berufung – das sind alles so große Worte. Und doch werden sie klein geschrieben. Es geht eigentlich »nur« darum, mein Leben im Licht Gottes zu sehen, aus Gott zu leben, auf Gott hin zu leben – mit all den Kleinigkeiten und scheinbaren Großigkeiten unseres Alltags. Gott will nichts Unmögliches von uns, aber er will, dass wir das geben, was wir können, was wir sind. Sich in einem solchen Sinn Gott zu geben – das ist nicht immer leicht. Das ist ein Job, für den es keine Gehaltserhöhung und keine Tüte Gummibärchen gibt. Aber dafür im wahrsten Sinne: Leben in Fülle! Und manchmal vielleicht sogar in Überfülle!

berufen?

ich doch nicht
der pfarrer vielleicht
irgendwelche ordensleute
jemand der was von theologie versteht
berufen das sind doch nur die anderen
aber ich doch nicht

aber berufung wird nicht
mit großbuchstaben geschrieben

berufung ist nicht der und die
und dann und dort
berufung ist hier und jetzt
und du und ich

und wird eindeutig
klein geschrieben

berufung
das ist nicht mehr
und nicht weniger
als antwort geben auf einen ruf
antwort geben mit dem
was ich kann
mit dem was ich bin

das ist mit meinem leben
antwort geben
antwort sein

auf das was gott
von mir will

berufung
wird klein geschrieben

ein wort des trostes den trauernden sagen
brot und wein zum altar bringen
schon wieder mittagessen kochen
vor der kirche schnee schippen
die leere coladose aufheben
an der käsetheke ein nettes wort finden
einen gottesdienst vorbereiten
im freundeskreis meine meinung vertreten
dem kranken ein kreuz auf die stirn zeichnen

dem enkelkind von gott erzählen
das pfarrblättchen falten
einen menschen beerdigen
wandlung möglich machen

berufung das ist nicht
der und die und dann und dort
sondern hier und jetzt
und du und ich

berufung
das ist meine antwort
auf gottes wort
auf das was gott

für mich
will

wenn ich mich dafür
entscheide

Und jeden Tag mehr leben. Jahreslesebuch (2003)

Eine solche Haltung, eine solche Einstellung wird einem
nicht bei der Geburt mitgegeben, sondern die wächst heran,
die wächst aus vielen kleinen und manchmal auch größeren
Erfahrungen. Und wenn man sich einmal in sie »hineinge-
lebt« hat, dann ist das noch keine Garantie, dass sie ein Leben
lang hält. Im Gegenteil: Sie will jeden Tag neu durchbuchsta-

biert werden. Ich muss mich immer wieder neu für sie entscheiden.

Ich erinnere mich an einen Nachmittag 1996: Ich hatte mit meinem geistlichen Begleiter wieder einmal darüber gesprochen, wie die nächsten Schritte in meinem Leben aussehen sollten. Im kommenden Jahr waren sieben Wochen für die Wallfahrt nach Santiago eingeplant, im Herbst würde ich dann eventuell mit dem Theologiestudium beginnen. Die Weichen in die Richtung »auf Gott hin« waren gestellt.

Eigentlich war es klar – und doch gab es da noch im Terminkalender einige Kurse in der Wirtschaft, hervorragend bezahlt. Und weiteren Kursen in der Richtung stand eigentlich auch nichts im Wege – außer meinem komischen Gefühl, dass ich dort eigentlich nicht hingehörte. Eigentlich müsste ich das tun, was nur ich tun kann – für diese Kurse gibt es auch andere Trainer. Diese Kurse abgeben? Aber machte es wirklich Sinn, gerade diese gut bezahlten Kurse abzusagen, wenn ich mit dem Studium anfangen würde? Dann würde ich die freiberufliche Tätigkeit sowieso reduzieren müssen – und es könnte finanziell eng werden. Also – was tun?

Das Gespräch mit dem geistlichen Begleiter an diesem Nachmittag endete ohne konkretes Ergebnis – und ich fühlte mich hin- und hergezogen.

Als ich heimkam, war es später Nachmittag. Ach, dachte ich, ich könnte eigentlich die Vesper beten – und das tat ich dann auch.

Ich betete die vertrauten Psalmen und blätterte um – und da war als Schriftstelle vorgesehen: »Ihr könnt nicht beiden dienen, Gott und dem Mammon« (Matthäus 6,24b).

Ich saß sprachlos in meiner Gebetsecke – aber damit war es entschieden, damit war alles klar. Mein Weg geht mit diesem Gott.

Ich signalisierte den Trainerkollegen aus der Wirtschaft, dass ich die zugesagten Termine einhalten würde – aber nicht bereit sei, neue Verpflichtungen einzugehen.

Und rückblickend kann ich sagen: Es hat so gestimmt. Ich bin nicht reich geworden mit dieser Entscheidung, aber das hatte sowieso nie zu meinen Lebenszielen gehört. Ich bin glücklich damit geworden. Und mein Leben hat eine ganz andere Dimension bekommen.

Oder, um es mit Edith Piaf und einem meiner Lieblingslieder zu sagen: »Non, je ne regrette rien!«

Gott hat mir die Freiheit der Entscheidung gelassen – aber es ist schon die Frage: Antworte ich mit meinem Leben – oder mit irgendwelchen Aktivitäten, mit Machen und Tun? Und wie entscheide ich mich?

Wenn ich Nachfolge antreten will, wenn ich meinen Glauben leben will, dann geht das nicht nur nebenbei oder »immer wieder sonntags«. Da bin ich gefragt – und Halbherzigkeit ist keine christliche Tugend …

Manchmal hat man zu antworten, in unvorhersehbaren und unaufschiebbar schicksalhaften Augenblicken des Lebens: hat zu antworten, auf alles. Wer bin ich? Was habe ich vor? Gegen wen, für wen will ich sein im Leben? Warum? Mit welchen Fähigkeiten, Instrumentarien, Mitteln, mit welchem geistigen Rüstzeug? Und was das Wichtigste ist: mit welchem Ziel? … Und, antworten auf alles: Wie weit bin ich? Habe ich noch Reserven an Opferbereitschaft, Selbstlosigkeit, oder will ich nur noch Restbestände bewahren und retten? Das ist der Augenblick im Leben, da man zu antworten hat. In dem eine Antwort erwartet wird; die Stille ist groß, dramatisch. Doch dann erfährst du, wirst du gewahr, dass man auf solche Fragen nicht mit Worten, sondern nur mit dem Leben antworten kann.

SÁNDOR MÁRAI

Ein halbes Jahr nach diesem Tag im November 1996 bin ich Angelo Stipinovich, einem südafrikanischen Priester der Diözese Mainz, über die Füße gestolpert – oder er mir. Er wurde vorübergehend Pfarradministrator in unserer kleinen Gemeinde in Freimersheim – und wir haben uns in diesem Glauben an Gott gefunden. Und anderthalb Jahre später hatte ich eine halbe Stelle als pastorale Mitarbeiterin in den beiden Pfarrgemeinden in Viernheim, die er als Pfarrer leitet.

Lieber Angelo,

gestern morgen im Gottesdienst ist mir etwas klar geworden. Ja, ich bin auf einem Weg mit Gott, ich fühle mich dazu berufen, mit meinem Leben Antwort auf seine Einladung zu sein – und existentielle Grundlage meines Lebens ist meine Beziehung mit diesem Gott.

Aber – dann bin ich auch verantwortlich dafür, wie ich diese Beziehung lebe und wie sie sich weiterentwickelt, um sie dann auch wieder in den Dienst der Menschen zu stellen. Dieses »wozu?« ist mir unsagbar wichtig – mein Glaube will nicht nur, dass es mir persönlich gut geht, sondern es geht für mich auch darum, dass ich einen Dienst zu tun habe. Ich habe einen Auftrag – und ich habe eine Verantwortung diesem Auftrag gegenüber. Wenn ich Glauben weitergeben, weitersagen will, dann muss ich selbst vom Glauben getragen und gehalten sein. Wenn ich Menschen zum Leben befreien will, dann muss ich selbst zum Leben befreit sein, und dazu gehört eben auch, dass ich mich spirituell nicht bequem zur Ruhe setze, mich auf dem »Erreichten« ausruhe, sondern dass ich mich von Gott, von meinem Glauben immer wieder so herausfordern lasse, dass ich daran weiter wachse – auch im Interesse der Menschen, mit denen ich arbeite.

Mir ist die Schriftstelle aus dem 1. Petrusbrief sehr wichtig geworden: »Seid stets bereit, jedem Rede und Antwort zu stehen, der nach der Hoffnung fragt, die euch erfüllt!« (1. Petrusbrief 3,15). Und man könnte fast zwei moderne Beichtspiegelfragen aus dieser Stelle ableiten: Welche Hoffnung erfüllt mich wirklich – und lebe ich so, dass andere Menschen mitbekommen, dass mich diese Hoffnung erfüllt? Wenn das der Fall ist, dann brauche ich anderen Menschen diese Hoffnung nicht unaufgefordert hinterher zu tragen – sondern dann werden sie von alleine auf mich zukommen und mich fragen: Wie kannst du so leben, wie du lebst?

Mir ist unsagbar viel von Gott in meinem Leben geschenkt und mitgegeben worden – und ich bin dankbar dafür! Aber: Wer viel bekommen hat, von dem wird viel verlangt werden (Lukasevangelium 12,48b) – und ich bin verantwortlich dafür, wie ich mit dem umgehe, was Gott mir geschenkt hat. Ich bin auch verantwortlich dafür, dass mein spirituelles Leben lebendig bleibt.

Und aus diesen Gedanken heraus habe ich gestern morgen für mich eine Entscheidung in der Frage getroffen, über die wir ja kürzlich schon mal »herumgesponnen« haben: Ja, ich möchte mitgehen in die Pfarrei, die Du bekommen wirst, ich möchte dort mit Dir zusammenarbeiten – ganz egal, ob die Diözese auf die Idee eingeht, dass ich dort eine halbe Stelle haben werde, und ich damit einen Teil meiner Freiberuflichkeit aufgebe oder ob ich dort wohne und ehrenamtlich mitarbeite. Ich habe mich entschieden – egal, wie die Rahmenbedingungen sein werden – mit Dir diesen Weg, uns in den Dienst unseres Gottes und der Menschen zu stellen, zu gehen – vorausgesetzt, dass Du es willst.

Wenn Du dazu »ja« sagst, dann musst Du Dir bewusst sein, dass ich damit auch das Priester-Sein von Dir einfordere. Ich weiß, dass Deine Art, Dein Priester-Sein zu leben, mir in meinem Glauben hilft, mich stützt, mich herausfordert – und dass ein solches Miteinander mir unsagbar viel hilft, meine Aufgabe zu tun. Deshalb frage ich Dich mit meiner Entscheidung auch sehr bewusst als Priester an. Du bist für mich nicht nur ein guter Freund – sondern Du bist für mich auch Priester – und ich brauche Dein Priester-Sein.

Dass diese Ebene unserer Beziehung kaum jemand nachvollziehen kann, ist mir sehr bewusst. Ehrlich gesagt, es ist mir aber auch ziemlich egal. Natürlich wird unsere Zusammenarbeit, die Tatsache, dass wir uns gut verstehen, immer auf Fantasien, Gerüchte, geheime eigene Wünsche stoßen. An uns werden Dinge abgearbeitet werden, die viel eher was mit denjenigen zu tun haben, die dies an uns abarbeiten, als mit uns und unserer Beziehung. Sei's drum, es ist nicht neu für mich …

Ich habe mich entschieden – ich möchte gerne weiterhin mit Dir zusammenarbeiten – und ich bin bereit, mit Dir in die Gemeinde zu gehen, die Du übertragen bekommst. Ich glaube daran, dass sich unsere Wege nicht zufällig gekreuzt haben, sondern dass es da eine Aufgabe gibt, die wir zusammen angehen sollen – und ich weiß, dass Du mir auf meinem Weg und meiner Beziehung zu Gott guttust.

So klar, wie ich es heute für mich sagen kann, habe ich es bisher nicht gehabt. Wichtig war für mich unser Gespräch über Nähe und Distanz; wichtig waren für mich meine Grenzerfahrungen in den vergangenen Wochen, wichtig war die Erkenntnis, dass ich auch für die »Gesundheit« meiner Spiritualität Verantwortung trage.

Und – ich kann es einfach nicht als Zufall abtun, dass und wie wir uns begegnet sind …

Mein Angebot steht.

Kannst Du Dir solch eine gemeinsame Arbeit vorstellen?

Andrea

Fax von Pfr. Stipinovich an Andrea Schwarz:

Liebe Andrea!

Ich kann es mir sehr gut vorstellen! Bist Du morgen im Gottesdienst? Lass uns anschließend zusammen Mittagessen gehen!

Lieben Gruß

Angelo

Mit Handy, Jeans und Stundenbuch (2000)

Lord, here I am
Hier bin ich, Gott

Plötzlich
mitten im Alltag
ein Ahnen
unsichere Gewissheit

und ich werde unruhig
etwas in mir sehnt sich
drängt zum Aufbruch
unerklärbar

es treibt mich um
einen Schritt vor
einen zurück
und spüre irgendwie doch

ich wehr mich
ich flüchte
stopf mir die Ohren zu
doch das Ahnen bleibt

und Angst
kriecht in mir hoch
das kann doch gar nicht sein
du kannst doch nicht mich meinen

ich wollte doch nur
ein bisschen
und da willst du mich
plötzlich ganz

Doch – ich lieb dich schon
aber hat es nicht noch ein bisschen Zeit
könnten wir vielleicht irgendwann sonst
oder frag doch einfach jemand anders

ich hab ziemlich zu tun
das siehst du doch
und ich weiß auch gar nicht
ob ich überhaupt will

doch du drängst
du treibst
du beunruhigst
du sehnst

du fragst in mein Leben
du bist die Sehnsucht
du beunruhigst mich
du bist mir näher als ich es bin

das Raunen bleibt
du willst mich
und im Erkennen
wächst der Schmerz

du scheinst dich
für mich entschieden zu haben
– und ich entscheide mich
für dich

mit allem Zweifel
aller Not
mit aller Angst
– und voller Zuversicht

ich geb mich dir
mit aller Angst
und ich schreie vor Schmerz
weil du mich willst

Du stellst dich mir in den Weg
ich komm nicht um dich herum
und ich weiß auch gar nicht
ob ich um dich herumkommen will

verlass
Vater und Mutter
Haus und Hof
lass zurück
Geld und Gut
gib auf
Macht und Reichtum

nimm nichts mit
auf den Weg

lass all das los
was dich besitzt

trau dem Ahnen
sei Sehnsucht
lass dich aufbrechen
werde heil

werde ganz
durch Wort und Antwort
Gelassenheit und Leidenschaft
Mensch-Sein und Gottvertrauen

Unser Gott
ist ein eifersüchtiger Gott
er will dich ganz

und ich darf
ganz sein
weil er mich will

Das Lied »Here I am Lord« habe ich durch Angelo kennen-
gelernt. Der Text bezieht sich auf die Stelle im Buch des Propheten Jesaja: »Ich hörte die Stimme des Herrn, der sprach:
Wen soll ich senden? Wer wird für uns gehen? Da antwor-
tete ich: Hier bin ich, sende mich!« (Jesaja 6,8).

Irgendwie haben wir uns dann mal den Text und die
Noten organisiert – und der Kirchenchor hat das Lied zu
Angelos Weihetag eingeübt. Und seitdem begleitet mich
dieses Lied … immer wieder begegnet es mir, mal bei einer
Beauftragung von Gemeindereferenten, mal als Hinter-
grundmusik beim Blättern durch die Homepage eines Klosters, mal gesungen von einer Gruppe, die bei uns während
des Weltjugendtages zu Gast war. Es ist auch zu meinem
»Berufungslied« geworden und bedeutet mir unsagbar viel.

Im Mai 2008 war ich das erste Mal in Mariannhill zu
Gast. Für mich war es weiter Weg bis dorthin gewesen, ein
langer Prozess, drei Jahre mit Suchen, Finden, Verwerfen,
neuem Überlegen. Ob es dieser Ort jetzt sein sollte? Ich
wusste wenig von der Geschichte des Ordens. Mit Schwester
Maria Corda, der Oberin des Konventes, hatte ich nur einige
Mails gewechselt, die zuerst auch alle im Spamfilter des
Servers landeten. Nach einem langen Nachtflug von Frankfurt nach Johannesburg und dem Anschlussflug nach Durban kam ich schließlich gegen Mittag am Flughafen an – ein
wenig müde, und auch die Seele war den Weg von Deutschland nach Südafrika noch nicht so ganz nachgekommen. Ich
war ein bisschen aufgeregt, wie würde das alles gehen? Und
zugleich war auch eine gewisse Spannung in mir …

Die Schwestern holten mich am Flughafen ab, es war ein
sehr herzlicher Empfang, ich bekam noch etwas zum Mit-

tagessen, das man eigens warm gehalten hatte, und ein Zimmer im Konvent. Maria Corda erläuterte mir kurz den Zeitplan mit den Gebetszeiten und »also – falls du magst, morgen früh um sechs Uhr feiern wir Eucharistie …«. Es war als liebevolle Einladung gemeint – so verstand ich es. Und so konnte ich auch sagen: »Grundsätzlich gerne – ob ich das morgen schon schaffe, weiß ich grad nicht, ich hab die letzte Nacht doch wenig geschlafen!«

Aber ich stellte den Wecker, kam irgendwie aus dem Bett heraus, trank rasch noch eine Tasse Kaffee und kam dann doch, wenn auch noch ein wenig verschlafen, grad rechtzeitig zum Gottesdienst.

Schlagartig wach aber wurde ich beim ersten Lied, das in diesem Gottesdienst gesungen wurde – und es war ja wirklich nicht zu glauben: »Here I am Lord«! Hier bin ich, Gott. Ich war nur froh, dass ich in der letzten Bankreihe saß, denn ich heulte wie ein Schlosshund – und wusste zugleich: Ich bin angekommen! Hier ist der Ort, das ist die Zeit – mein Ort, meine Zeit. Und als dann in der Laudes, dem Morgengebet, mit dem die Schwestern den Gottesdienst begannen, der Psalmvers »Herr, zeige mir deinen Weg – ich will ihn gehen in Treue zu dir!« kam, heulte ich gleich zum zweiten Mal. Dieser Vers ist zu meinem Stoßgebet geworden, wenn ich die Orientierung verloren habe, wenn ich nicht mehr weiß, wo mein Weg hingehen soll.

Was will Gott von mir? Und dann bete ich diesen Satz beim Warten an der roten Ampel, in der Stille nach der Kommunion, beim Weg zum Briefkasten.

Nein – erklären kann ich es nicht. Aber für mich war es in diesem Moment klar: Wenn die Schwestern in Mariannhill mich wollen, dann komme ich, dann bin ich da. *Here I am Lord.*

Übrigens: Ich war ja seitdem schon in vielen Gottesdiensten im Konvent in Mariannhill – aber das Lied ist nie wieder gesungen worden, wenn ich dabei war. Kann mir irgendjemand erklären, warum gerade dieses Lied als allererstes Lied im allerersten Gottesdienst …? Nein, ich erwarte keine Antwort – aber ich wollte die Frage zumindest gestellt haben.

»Herr, zeige mir deinen Weg, ich will ihn gehen in Treue zu dir!« Ich glaube, er hat mich gehört und mein Angebot angenommen. Und das hat etwas mit »sich hingeben« und mit »Leidenschaft« zu tun. Und ich wurde und ich werde auf Wege geführt, die ich in meinen kühnsten Träumen nicht erwartet hätte.

gabenbereitung

geben
was wir haben
eine münze
einen geldschein
ein wenig zeit
eine idee
meine kreativität
handwerkliches geschick
eine tüte weihnachtsplätzchen
eine kerze
einen kinderwagen

geben
was wir sind
meine hoffnung
und meine traurigkeit
meine zärtlichkeit
und meine einsamkeit
meine wut
und meine liebe
meine begeisterung
und meine müdigkeit
meine sehnsucht
und meine träume

geben was wir haben
geben was wir sind

und es zum altar bringen
und es vor gott bringen

damit es gewandelt werde
damit meine sehnsucht
zum aufbruch wird
meine wut
zum tanz
meine trauer
zur hoffnung
meine müdigkeit
zum engagement
meine einsamkeit
zur liebe

geben was wir haben
geben was wir sind

damit ich
gewandelt werde

3. Dezember 2008

Und so bleibe ich auf meinem Weg mit diesem Gott – und bin nur gespannt!

Das, was ich bisher gegeben habe, geben konnte – das ist für mich wiederum zum Geschenk geworden!

Warum sollte er gerade jetzt damit aufhören?

HEIMAT

Für uns
stehen die Herbstzeitlosen auf
in den braunen Wiesen des Sommers
und der Wald füllt sich
mit Brombeeren und Hagebutten
HILDE DOMIN

Durch Glauben gehorchte Abraham dem Ruf, wegzuziehen
an einen Ort, den er zum Erbe erhalten sollte; und er zog
weg, ohne zu wissen, wohin es ging. Denn er erwartete die
Stadt mit den festen Grundmauern, deren Planer und Bau-
meister Gott ist. Im Glauben sind diese alle gestorben, ohne
die Verheißung erlangt zu haben; sie haben sie von fern
gesehen und begrüßt und haben bekannt, dass sie Fremde
und Gäste auf der Erde sind. Denn die so sprechen, geben zu
verstehen, dass sie eine Heimat suchen.
AUS DEM HEBRÄERBRIEF

Manchmal ist in mir so viel Sehnsucht, endlich angekommen zu sein.
Tagebuch vom 10. Februar 2002

Wichtig ist nicht, wo du bist, sondern was du tust, wo du
bist.
SPRICHWORT AUS AFRIKA

Als ich damals meine Liste mit den Überschriften der einzelnen Kapitel dieses Buches an den Lektor des Verlags Herder schickte, schrieb er in einer E-Mail zurück: »Das Wort ›Heimat‹ in Ihrer Liste überrascht mich – und es erstaunt mich, dass das Wort ›Sehnsucht‹ nicht auftaucht.«

Vielleicht liegt es daran, dass für mich beides etwas miteinander zu tun hat? Ich bin »heimatlos« aufgewachsen. Meine Mutter kommt aus Ostpreußen, mein Vater aus Schlesien – und nach den Wirren des Zweiten Weltkriegs haben die beiden sich in Wiesbaden wieder getroffen. Die Erinnerung an ihre Heimat haben meine Eltern immer wachgehalten – und das war eben nicht Wiesbaden, sondern das war ein Ort, »an den man nicht mehr hin kann«. Ich wuchs auf mit gelegentlichen schlesischen und ostpreußischen Dialektwörtern, mit Schwarzweiß-Dias von der Kurischen Nehrung und dem Rathaus von Breslau.

Aber eine Heimat, die man nicht kennt und in die man nicht hin kann, ist irgendwie keine Heimat. Nein, es war mir als Kind, als junger Mensch nicht bewusst – und ich habe auch nicht darunter gelitten. Wenn man etwas nicht erlebt hat, kann es einem auch nicht fehlen.

1979 zog ich von Wiesbaden in den Schwarzwald – und dort habe ich genau das nachgeholt: Ich habe mich beheimatet. Ich habe mich in eine Landschaft verliebt, habe die Menschen mit ihrem Dialekt und ihrer Art zu leben schätzen gelernt, fühlte mich zu Hause, war vertraut mit dem Landstrich zwischen Kinzig, Dreisam und Vogesen. Ich lebte gern dort – und doch war es mir nicht bewusst.

Meine Mutter wurde 1993 krank; und schnell war mir klar: Wenn ich meine Eltern auf ihrem letzten Lebensabschnitt begleiten und unterstützen will, macht es wenig Sinn, 200 Kilometer entfernt zu wohnen. In meiner freiberuflichen Tätigkeit damals war es nicht so wichtig, wo ich denn wohne.

Ich fand eine Wohnung in der Nähe von Alzey in Rheinhessen, eine vollkommen andere, für mich spröde Landschaft. Und dort sprach man anders, lebte anders, ich kannte keinen Menschen – und ich fühlte mich irgendwie verlassen und verloren, auch wenn ich damals nicht verstand, warum das so war.

Das wurde mir erst bei Wanderexerzitien mit den Pfadfindern im Elsass klar. Ich atmete auf, als ich in der vertrauten Landschaft war, den Dialekt wieder hörte, das ganz besondere Licht, das dort am Abend über dem Rheintal liegt, regelrecht in mich aufsog. Hier war ich zu Hause. Hier hatte ich Heimat erfahren – und wieder war mir Heimat genommen worden. Ohne bösen Willen, ohne Absicht – aber meinen Eltern zuliebe hatte ich einen mir vertrauten Lebensbereich, in dem ich mich wohlfühlte, aufgegeben.

Wir wanderten schweigend auf den Odilienberg hinauf – und ich dachte nur: Ja, aber – wo kann ich denn dann zu Hause sein? Wer oder was hält mich, trägt mich – wenn alles andere nicht mehr trägt?

Ein Zuhause ist, wohin man geht,
wenn einem die Orte ausgegangen sind.
BARBARA STANWYCK (1907–1990)

kein ort
nicht mehr
irgendwo

wohin
gehe ich
wenn ich
überall
schon war

wohin
gehe ich
wenn ich
nirgendwo
das fand

was ich suchte

aber
was suchte ich

oder wollte ich nur
finden

mitten auf dem weg
gehen mir
die orte aus
entlarven sich
ziehen die maske ab

ich bin müde
geworden
ich gehe nach Hause

und darf
ganz einfach

heimkommen

Wenn die Orte ausgehen … (2009)

Auf meinen Wanderexezitien begleitete mich die Stelle aus
dem Hebräerbrief – und sie fiel genau in mein Fragen hinein:
»Denn die so sprechen, geben zu verstehen, dass sie eine
Heimat suchen« (Hebräerbrief 11,14).

Damals habe ich für mich ganz neu Gott gefunden. Er
wurde zur Antwort auf mein Suchen und meine Heimatlosigkeit. Meine Sehnsucht hat einen Namen bekommen
und meine Heimat einen Ort.

Der allerdings ist auf keiner Landkarte zu finden.

Das Segel
ist die Liebe

ein Ahnen spüren
der Sehnsucht
Raum geben

meinen Namen hören
und wissen
jetzt

ich geb
mich der Kraft
verlier mich
ans Unterwegs-Sein

und find mich
auf hoher See
und in den Wind
gestellt

und werde unendlich
beheimatet

Advent 1996

In jener Zeit sprach Jesus zu seinen Jüngern: Euer Herz erschrecke nicht. Glaubt an Gott und glaubt an mich! Im Haus meines Vaters sind viele Wohnungen. Wäre es nicht so, hätte ich es euch dann gesagt: Ich gehe, um euch einen Platz zu bereiten? Und wenn ich gegangen bin und euch einen Platz bereitet habe, komme ich wieder und werde euch zu mir nehmen, damit auch ihr seid, wo ich bin. Und wohin ich gehe – den Weg dorthin kennt ihr. Thomas sagte zu ihm: Herr, wir wissen nicht, wohin du gehst. Wie können wir dann den Weg wissen? Jesus sagte zu ihm: Ich bin der Weg, die Wahrheit und das Leben. Niemand kommt zum Vater, außer durch mich.

JOHANNESEVANGELIUM 14,1–6

Vor einigen Jahren war ich sechs Wochen lang zu Fuß nach Santiago de Compostela unterwegs – sechs Wochen lang mit dem Rucksack quer durch Nordspanien, auf dem Weg zum legendären Grab des Apostels Jakobus …

Ein wunderschöner Weg, nicht immer leicht zu gehen, es war nicht immer leicht, unterwegs zu sein – aber ich glaube, das Allerschwerste an dem Weg ist das Ankommen in Santiago und dann die Rückkehr in den Alltag.

Damals, kurz vor Santiago, habe ich gedacht: Wenn ich einmal, am Ende meines Lebens, bei meinem himmlischen Vater ankomme, heimkomme, dann möchte ich dort auch bleiben dürfen, dann will ich nicht noch einmal von vorn anfangen. Wenn ich dieses Ziel meines Lebens erreicht habe, möchte ich auch bleiben dürfen. Seit dem Zeitpunkt ist mir der Gedanke an Wiedergeburt und Reinkarnation ausgesprochen lästig und unangenehm – und seit der Zeit mag ich das Lied »Wir sind nur Gast auf Erden« noch mehr. Ja – wir sind Gast auf Erden, unsere eigentliche Heimat, unsere eigentliche Wohnstatt aber, die ist im Himmel. Und wenn wir eines Tages sterben, wenn wir zu unserem Gott gehen, dann dürfen wir heimkommen …

Nichts spricht dagegen, dass wir unser Leben hier auf der Erde genießen dürfen und sollen und können – und ich lebe ausgesprochen gern. Wir dürfen hier zu Gast sein und unser Gastsein durchaus genießen – aber wir haben jetzt schon ein Wohnrecht im Himmel – und der Platz ist für uns schon vorbereitet: »Im Hause meines Vaters gibt es viele Wohnungen!«

Und es werden Wohnungen sein, für die wir weder Miete noch Kaution zahlen müssen, es gibt keine Kehrwoche und keine Schneeräumpflicht, und wir werden uns nicht mehr mit undichten Wasserleitungen und quietschenden Gartentoren befassen müssen.

Aber – wissen wir noch, was es heißt, daheim zu sein, an einem Ort zu wohnen? Können wir das überhaupt noch in unserer heutigen Zeit: heimkommen? Wir sind auf der ganzen oder zumindest der halben Welt zu Hause – und selbst wenn wir nicht persönlich da waren, so liefert uns das Fernsehen doch alle Bilder ins Haus. Die Skyline von New York ist uns so vertraut wie die Hauptstraße in Gaggenau. Freunde, vielleicht auch die Familie, wohnen in ganz Deutschland verstreut, wenn nicht sogar noch weiter weg. Ein Freund ist grad nach Mallorca gezogen, eine Bekannte will nach Südafrika, das Münzengemisch in der Schublade ist bunt – und wurde durch die Einführung des Euro nur ein bisschen eingedämmt.

Aber – wer überall zu Hause ist, der ist eigentlich nirgendwo daheim. Mich hat ein Satz sehr berührt, den ich in einem Roman von Henning Mankell gelesen habe, in dem Buch »Der

Chronist der Winde«. Es ist die unsagbar zärtliche und doch zugleich unsagbar harte und brutale Lebensgeschichte eines zehnjährigen afrikanischen Straßenjungen – und an einer Stelle dieses Romans sagt Nelio, der Straßenjunge: »Die Menschen heute bauen keine Häuser mehr, sie bauen Verstecke!«

Die Menschen bauen keine Häuser mehr, sie bauen Verstecke. – Könnte es sein, dass auch wir ein Versteck aus unserem Leben gemacht haben? Ein Versteck vor den anderen Menschen, ein Versteck vor mir selbst, ein Versteck vielleicht auch vor Gott? Könnte es sein, dass wir deshalb überall zu Hause sind, weil wir uns gerade damit umso besser verstecken können? Kann es sein, dass deshalb unsere Sehnsucht so groß geworden ist, dass wir die unmöglichsten Sachen probieren, um glücklich zu werden, das große Los zu ziehen, dorthin zu fahren, wo noch keiner von den Nachbarn war, das Auto zu fahren, das kein anderer fährt?

Heimkommen, endlich Heimat finden, zu Hause sein. »Ich bin der Weg, die Wahrheit und das Leben!« – wer an ihn glaubt, braucht die Verstecke des Lebens nicht mehr. Mag sein, dass genau das die unendliche Sehnsucht unseres Lebens ist – keine Verstecke mehr zu brauchen …

Kurz vor seinem Sterben erinnert sich Nelio, der zehnjährige Straßenjunge in Mankells »Chronist der Winde«, an seinen Vater. »Mein Vater war ein sehr kluger Mann«, sagt Nelio. »Er lehrte mich, zu den Sternen aufzuschauen, wenn das Leben schwer war. Wenn ich den Blick dann wieder auf die Erde senkte, war das, was eben noch übermächtig war, auf einmal klein und einfach.«

Wenn wir zu den Sternen schauen, wenn wir auf Gott schauen, wenn wir darauf vertrauen können, dass wir eines

Tages zu ihm heimkommen werden und dürfen – dann brauchen wir hier keine Verstecke mehr. Dann brauchen wir uns nicht mehr zu verstecken – vor keinem anderen, nicht vor mir – und nicht vor Gott.

Und jeden Tag mehr leben. Jahreslesebuch (2003)

Und wenn man in Gott zu Hause ist, dann kann man auch genauso gut unterwegs sein …

November 2009: Angelo schaut noch kurz vorbei, um »tschüs« zu sagen. Klaus und Conni lassen es sich nicht nehmen, mich nach Frankfurt zum Flughafen zu bringen. Nach dem Einchecken gehen wir noch zusammen essen – und ich sag es ganz ehrlich, der Abschied fällt mir schon auch ein bisschen schwer.

Johannesburg: Nach dem langen Nachtflug stehe ich ein wenig müde vor dem Flughafengebäude, rauche eine Zigarette und blinzle in die Sonne. Ein junger Schwarzer bittet mich um Feuer, irgendwo singt jemand, mittleres Verkehrschaos. Ich sehe strahlende Augen in dunklen Gesichtern, ein nettes Lachen. Und bei aller Müdigkeit bin ich ganz tief drinnen doch auch glücklich! Einfach schön, wieder hier zu sein!

Mariannhill: Im Konvent ist liebevoll ein Platz für mich am »Feier-Tisch« gedeckt, eine »Welcome-Karte« steht da, Maria Corda sagt ein paar offizielle Worte, dass ich wieder da bin – und dann begrüßen mich vierzig Schwestern mit einer lieben Umarmung, einem Handschlag, einem guten Wort. Zu Hause … irgendwie …

Als es einige Zeit später für einige Wochen wieder nach Deutschland geht, fällt mir der vorübergehende Abschied von meiner neuen »Heimat« in Südafrika schwer. Am Flughafen in Frankfurt ist Carmen zusammen mit Trixi, ihrem Hund – sie steht zu einer unmöglichen Zeit auf und holt mich dort morgens um sechs Uhr ab. Sabine hat einen Blumenstrauß in meine Wohnung gestellt, der Kühlschrank ist eingeschaltet, und Ignatius hat die Heizung hochgedreht. Und als ich Milch, Salami und Brot einkaufen gehe, begegnen mir die ersten Viernheimer: »Ach, Sie sind wieder da!« Nur als ich gefragt werde, ob es denn nicht schön sei, wieder einmal für ein paar Tage zu Hause in Viernheim zu sein, kann ich zwar spontan mit »ja« antworten, es ist schön, wieder in Viernheim zu sein – aber ein »Zuhause« gibt es für mich auch in Südafrika.

Ein wenig geborgen sein …

Wenn du weißt
wo das Salz steht
die Nudeln und die Kekse
nach dem Einkauf verstaut werden
und dass man den Wasserkocher
manchmal ein wenig drehen muss
damit er anspringt

wenn du keine Bücher
mehr mitbringen musst

denn es stehen genug da
die dich interessieren
wenn der Hund dich kennt
und du die Hunde der Nachbarn
wenn du unbesorgt
das neue Rezept ausprobieren
und die alte Jeans anziehen kannst

wenn man sich viel zu sagen hat
und manchmal am meisten
im Schweigen
weil es keine Worte braucht
wenn du sein kannst
wie du bist
und wie du eigentlich
gerne wärest

dann könnte
es sein

dass du
heimgekommen bist

obwohl du eigentlich
unterwegs bist

23. Mai 2007

Heimat, heimkommen … das ist für mich nicht mehr an einen Ort, an eine Landschaft und inzwischen auch nicht mehr an einen Kontinent gebunden. Ich fühle mich in Viernheim zu Hause und im Emsland, in der Ortenau, in Dinklage und in Mariannhill. Und das aus dem ganz einfachen Grund, weil dort Menschen leben, die ich mag, mit denen ich mich verstehe, weil es Orte sind, an denen ich etwas erlebt habe, was für mich wichtig ist oder war.

Geborgenheit
das ist zu wissen
wo man hingehört

nur
das sind Menschen
und nicht einfach
eine Dreizimmerwohnung

Ich mag Gänseblümchen (1985)

Und mitten in all meinem Unterwegs-Sein brauche ich diese Orte und noch viel mehr die Menschen, die dort leben, die mich halten ohne mich festzuhalten. Die mir keine Vorwürfe machen, dass ich schon wieder weg bin und schon wieder keine Zeit habe, sondern die einfach sagen: »Komm, wenn es dir guttut!« Freunde, bei denen die Tür offen steht, bei denen es ein Glas Wein gibt, Freunde, die zuhören können und erzählen.

heim
kommen

fetzen von melodien
farben in einem bild
worte wohlvertraut

eine angelehnte tür
eine umarmung
ein blick

einen
moment
lang

sich verstanden fühlen
angenommen sein
geliebt werden

die ungeborgenheit vergessen
die erfüllung willkommen heißen
der hoffnung raum geben

heim
kommen

um neu
aufzubrechen

2. Januar 2002

Auch Kirche gehört für mich dazu. Inzwischen kann ich das, was mir Kirchen und Kirche sind, mit einem Wort ausdrücken: Sie sind mir Heimat. Heimat, das kann ein Ort sein, das können Menschen sein, das kann eine Verbundenheit sein, eine Idee, eine Vertrautheit, ein Miteinander.

Heimat – das sind für mich zum einen ganz konkrete Kirchenräume – das ist die romanische Kirche in Rosheim im Elsass, das ist der Limburger Dom, das Freiburger Münster, die kleine Kirche in Freimersheim, die beiden Kirchen in Viernheim und die Konventkirche im südafrikanischen Marianhill mit dem kleinen Gecko als »Tabernakelwächter«.

In einer Kirche zu Hause zu sein, das geht nicht mit dem Kopf, das hat etwas mit Gefühl und Empfinden zu tun: das Licht, das auf eine Säule fällt und sie in Hell und Dunkel trennt, die brennenden Kerzen vor dem Marienaltar, das Farbenspiel in St. Michael, wenn die Sonne am Abend durch die Glasfenster scheint und die Engel im Altarraum bunt anzieht. Es ist etwas durchaus sehr Sinnliches, was ich da spüre und empfinde – etwas, von dem ich mich ergreifen, berühren lasse: die Weite eines Raumes, das Spiel des Lichts, die Kühle des Weihwassers, der Duft des Weihrauchs, der Gesang, die vertrauten Worte des Priesters.

Dazu braucht es einen heiligen Raum, der abgesondert ist, der genau dadurch herausgehoben wird, zu einem eigenen Raum wird – zu einem Ort, der dem Gebet und der Begegnung des Menschen mit Gott vorbehalten ist. Dafür brauche ich einen Raum, der für nichts anderes als eben dafür da ist, in ihm und mit ihm Erfahrungen zu machen. Dafür brauche ich einen Ort, der eben nicht dem »Kosten-

Nutzen-Denken« als alleiniger Kategorie unterliegt, sondern der einfach sein darf, der in sich wichtig ist, der sich unterscheidet, der erinnern will an eine andere Welt – und der mir dafür Raum bietet.

Zu Hause sein, heimkommen – das gilt auch für die Liturgie. In den Zulu-Gottesdiensten verstehe ich kein Wort – und bin trotzdem zu Hause. Ich weiß, an welcher Stelle des Gottesdienstes was warum passiert – und wann was gebetet wird. Und ich kann mitbeten. Ich darf einfach mitten unter diesen achthundert schwarzen Christen sein und ich bin willkommen und daheim!

Und ich brauche Kirche als Heimat – ich brauche die Menschen, die mit mir auf dem Weg sind, die genau wie ich so verrückt sind, auf diesen Gott zu setzen und eben nicht auf den Lottoschein. Ich brauche die Verbundenheit mit Menschen, die eine Sehnsucht nach Leben umtreibt, die lebendig sein wollen – und die zugleich darum wissen, dass Lebendig-Sein auch immer das Vergehen mit einschließt, das Gehen in die falsche Richtung. Ich brauche die Idee von Kirche – und ich brauche die Institution Kirche, die mit ihren Strukturen auch Garant dafür ist, dass Glaube, dass Gott nicht in unsere Beliebigkeit gerät. Ich brauche den Priester und die Bischöfe und auch den Papst, damit sie mich daran erinnern, dass es mehr als das gibt, was unsere Gesellschaft uns vorgibt zu geben, dass Lebendigkeit mehr ist als die fröhliche Frühstücksmargarine, McDonald's und das Reihenhäuschen im Vorort.

Und wenn ich immer wieder einmal auch an dieser Kirche leide, dann kommt es einfach daher, weil ich sie liebe. Leiden kann ich nur an etwas, was mir wichtig ist – an etwas

Unwichtigem leide ich nicht. Wer liebt, wirklich liebt, der wird verletzbar, weil ihm eben nicht egal ist, was der andere macht und tut. Aber wer wirklich liebt, der liebt so, dass er dieses Leiden am anderen aushält. Und genau das spiegelt sich in unserer deutschen Sprache wider, wenn wir sagen: Ich kann dich leiden – ich kann dich aushalten mit all dem, was an dir menschlich ist – weil ich dich liebe. Ich kann dich auch mit all dem »erleiden«, was eben nicht perfekt an dir ist: weil ich dich liebe.

Ich brauche Kirchen, die mir Heimat geben, Kirchen, in denen ich beten kann, Eucharistie mitfeiern kann, eine Kerze anzünden kann für einen Menschen, der mir nahe steht. Kirchen, in denen ich zur Ruhe kommen kann, weil sich der Alltagslärm gedämpfter anhört. Und ich brauche Kirche als Heimat, als etwas, in dem ich zu Hause bin, das mir vertraut ist, das mir Schutz und Geborgenheit schenkt, weil ich in ihr meinen Glauben leben darf, weil ich durch sie glauben lernen durfte. Kirche – das ist so ein bisschen wie die eigene Familie oder gute Freunde: Man kennt sich, man ist vertraut miteinander, man streitet auch mal, man ist nicht unbedingt immer glücklich miteinander – aber man gehört halt zusammen. Und wenn es spitz auf knopf geht, dann steht man füreinander ein, ohne Wenn und Aber.

Den Aufbruch hin zum Leben kann der wagen, der weiß, wo er zu Hause ist, wo seine Heimat ist. Die eigentliche Heimat von uns Christen ist Gott, ist unser Glaube – aber ich brauche Kirchen und Kirche, damit ich diese Heimat hier auf Erden auch leibhaftig erfahren und erahnen kann.

»Oh, wir duschen uns jetzt!« Zugegeben, wir waren alle ein wenig überrascht, als Jean Bosco, der schwarze Priester aus dem Kongo, diesen Satz mit strahlendem Gesicht und für alle gut hörbar sagte. Kein Wunder, es war irgendwann um 23 Uhr herum, und wir saßen in gemütlicher Runde bei Raclette und einem guten Glas Wein beieinander. Warum um alles in der Welt sollten wir gerade jetzt duschen – und das auch noch gemeinsam?

Die katholische Pfarrgemeinde in Dudelange in Luxemburg hatte mich zu mehreren Veranstaltungen eingeladen – und nach dem Vorabendgottesdienst war der »engere« Kreis des Vorbereitungsteams bei einer der Familien zu Gast, und sie hatten mich dazugebeten. Und es wurde ein richtig netter, schöner Abend – ein ganz unverhofftes Geschenk für mich mitten an diesem »Arbeitswochenende«. Denn es ist ja nicht unbedingt selbstverständlich, dass es zwischen dem »Veranstalter« und mir auch menschlich wunderbar klappt, dass man sich miteinander verbunden fühlt, dass man miteinander gut arbeiten und intensiv Gottesdienst feiern kann!

Und so wie den ganzen Tag und in der Eucharistiefeier ging auch an diesem Abend … die Unterhaltung bunt in allen drei Sprachen hin und her: Deutsch, Französisch, Luxemburgisch. Jean Bosco ist einer der Priester der Pfarrei und lernt grad Deutsch, ich hatte mein Schulfranzösisch ziemlich vergessen – und Luxemburgisch, das verstanden wir nun beide wiederum fast nicht. Und so wurde immer wieder hin und her gedolmetscht – und wir alle verstanden uns trotzdem bestens und genossen diesen Abend sehr!

Mit André, dem hauptamtlichen Kollegen, war ich schon am Vortag aufs »du« umgestiegen, und im Laufe des Abends wurde mir dieses doppelte »ihr« und »Sie« und »euch« und »Ihnen« zunehmend lästig – und irgendwann bot ich dann den anderen einfach ganz offiziell das »du« an. Es passte für uns alle – und so wurde auch nicht viel Aufhebens gemacht, das Gespräch ging lebendig weiter über Gott und die Welt. In der Zwischenzeit aber übersetzte Simone meine Einladung für Jean Bosco auf Französisch – und er wollte seiner Freude darüber wohl auf Deutsch Ausdruck verleihen. Und grammatikalisch war der Satz ja auch vollständig richtig – nur dass er eben die beiden Wörter »duzen« und »duschen« miteinander verwechselte: »Oh, wir duschen uns jetzt!«

Nach einer Sekunde etwas überraschter Stille konnten wir das Missverständnis schnell klären, lachten schallend (und Jean Bosco am meisten!) – und nahmen das zum Anlass, jetzt dann doch zum »l'eau de vie« überzugehen, dem selbstgebrannten Mirabellen- oder Himbeerschnaps.

An diesem Abend habe ich katholische Kirche von ihrer besten Seite erleben dürfen! Eine lebendige Gemeinde, überzeugende Menschen, die mit ihrem Leben für ihren Glauben einstehen! Ein Priester aus dem Kongo, ich als Deutsche, demnächst wieder in Südafrika, die Luxemburger. Verschiedene Sprachen – aber eine Liturgie, in der wir alle zu Hause sind, allen Sprachproblemen zum Trotz! Und noch wichtiger: ein Geist, in dem wir miteinander verbunden sind! Es sind solche Tage, an denen ich auch ein bisschen stolz bin, zu dieser Kirche dazu zu gehören – weltweit, lebendig, offen!

Und ich glaube, wir brauchen solche Erfahrungen, um den auch manchmal eher bedrückenden Tagesnachrichten aus, von und über Kirche ein Gegengewicht entgegensetzen zu können. Kirche ist nicht nur so – sondern auch ganz anders!

Und diese Kirche ist mir Heimat – so wie sie ist …

FREUNDSCHAFT

Dort, wo ein guter Freund ist, ist auch der Engel Gottes, und
wo der ist, sind auch gute Freunde.
PAUL REHER-BAUMEISTER

Das Leben ist geborgen bei einem treuen Freund, ihn findet,
wer Gott fürchtet.
JESUS SIRACH 6,16

Ein guter Freund, das ist einer, der mir nahe ist, auch wenn
ich ihn vielleicht lange Zeit nicht gesehen habe. Das ist einer,
der mich versteht – auch wenn er nicht alles gut findet, was
ich mache. Das ist einer, mit dem ich schweigen kann – und
manchmal Pferde stehlen. Das ist einer, der mich tröstet,
wenn ich mich selbst und das Leben nicht mehr verstehe,
der mir aber auch seine Meinung sagt und mir den Kopf zu-
rechtrückt, wenn es nötig ist. Das ist einer, der mir den
Rücken freihält – und mir nicht in den Rücken fällt. Das ist
einer, der mich beschenkt – und von dem ich mich beschenken lassen kann.
Und jeden Tag mehr leben. Jahreslesebuch (2003)

Wenn du schnell gehen willst, geh alleine. Wenn du weit
gehen willst, geh mit anderen.
SPRICHWORT AUS AFRIKA

Capetown International Airport

schweigend stehen wir
vor dem Flughafengebäude
rauchen noch eine Zigarette
sind uns einfach nur nah

am Horizont die Berge
im frühen Morgenlicht
Verheißung und Zusage
die Sehnsucht darf leben

und es darf
ganz anders sein
als es ist
und als es sein soll

und es ist gut so
und wir glauben daran
und ahnen um eine Verbundenheit
die man nicht wissen kann

es braucht keine Worte mehr
wir können uns lassen
im Licht des frühen Morgens
weil wir einfach nur sind

und meine Tränen sind
Perlen der Sehnsucht

18. November 2006

Ja, ich lebe allein. Es war nicht geplant – aber hat sich irgendwie so ergeben.

Klar – ich war auch oft über beide Ohren verliebt, mit dem einen oder anderen Mann habe ich auch schon Zukunftspläne geschmiedet. Und irgendwie passte es dann doch nicht so recht. Ich bin allein geblieben.

Vielleicht hat es seinen Sinn gehabt.

Ob ich auch nur ein Buch geschrieben hätte, wenn ich selbst Familie gehabt hätte – ich weiß es nicht. Mit Sicherheit hätte ich mich anders entwickelt, wenn mein Leben einen anderen Weg genommen hätte. Natürlich denke ich manchmal: Es wäre schön gewesen, Kinder zu haben, sie heranwachsen zu sehen, sie zu fördern, zu fordern. Es wäre schön, nicht immer alles alleine machen zu müssen, sondern einen Partner an der Seite zu haben. Es hat nicht sollen sein.

Und Partnerschaft und Familie allein sind ja auch noch keine Garantie dafür, dass Leben gelingt. Das ist genau so wie mit dem Allein-Leben, manche packen es, andere scheitern. Ich bin mit meinem Weg mehr als zufrieden – und das versöhnt mich mit so manchen Defiziten, die das Alleine-Leben eben auch mit sich bringt. Meine Mutter würde jetzt sagen: »Es kommt halt drauf an, was man draus macht!«

Ich habe Freunde – und ich bin für andere Freundin.

Das hört sich jetzt so lapidar an – aber das liegt wohl eher daran, dass der Begriff »Freund« heute eher inflationär gebraucht wird. Man hat einen Kontakt zu jemandem in »face book« – und dann ist das gleich schon ein Freund. Ich gehe mit dem Wort »Freund« etwas vorsichtiger um.

Gute Freunde werden immer nur einige wenige Menschen in meinem Leben sein – und ich bin sehr behutsam mit dem Wort »Freund«. Ich schenke es nicht leichtfertig her, genauso wie ich meine Freundschaft nicht leichtfertig her- schenke. Zu kostbar ist mir dieses Geschenk …

freunde

im gleichen boden
verwurzelt sein
dem gleichen himmel
entgegen wachsen

dazwischen
ein stück leben
zusammen miteinander
und doch für sich

sich im freund erkennen
umarmung nähe
grenze und distanz
und den stürmen wehren

in aller freiheit
verbindlich werden
und frei sein
in verbundenheit

29./30. Juli 2005

Meine Freunde sind mir kostbar und wertvoll. Und sie waren und sind immer schon in ganz Deutschland und inzwischen in aller Welt verstreut. Und es ging und es geht. Man sieht sich selten, hört sich gelegentlich – aber die Wege laufen so parallel, dass man problemlos jederzeit wieder da einsteigen kann, wo man vor einem halben oder einem Jahr aufgehört hat. Diese Freunde sind Knoten in meinem Netz, in einem Netz, das mich trägt und hält.

Eine Utopie ist es aber, zu denken, dass Freundschaften immer ein Leben lang halten müssen. Es gibt Freunde, denen ich unsagbar viel verdanke, die mich geprägt haben – und doch gingen eines Tages unsere Wege auseinander. Mag sein, der eine ist weitergegangen, der andere ist geblieben. Der eine hat sich von Kirche verabschiedet, der andere hat sich neu entschieden. Und manchmal kann man gar nicht genau sagen, warum man sich eigentlich aus dem Blick und dann aus dem Adressverzeichnis verloren hat. Vielleicht ist ja auch meine Kraft, meine Zeit, meine Energie für Beziehungen nur begrenzt und nicht beliebig vermehrbar.

Das alles darf sein.

Wenn mein Leben lebendig ist, dürfen auch meine Freundschaften lebendig sein. Da kann und darf Neues dazukommen – und da kann und darf aufhören, was nicht mehr trägt. Auch das darf so sein.

Aber alle diese Freunde waren und sind wichtig für mich. Und sie werden umso wichtiger für mich, je mehr ich mich in die Zumutung dieses Gottes hineinwage.

Jesus rief die Zwölf zu sich und sandte sie aus, jeweils zwei zusammen.

MARKUSEVANGELIUM 6,7A

Eigentlich ist das ja schon erstaunlich: Er sandte sie aus, jeweils zwei zusammen. Das ist seltsam – und irgendwie auch Verschwendung: Hätte er sie einzeln ausgesandt, hätten sie an zwölf Orte gehen können, so aber nur an sechs Orte. Und in der Lage, alleine zu gehen, wären sie sicher auch gewesen – immerhin: von Jesus selbst mit Vollmacht ausgestattet! Es wird berichtet, dass sie Menschen heilen und Dämonen austreiben. Hätten sie den Auftrag nicht effektiver alleine erfüllen können?

Aber das sind Fragen, die aus unserem funktionalen Denken heraus kommen, aus einem Denken, dass mit möglichst wenig Aufwand möglichst viel Erfolg bewirken will. Wir denken in solchen Kategorien wie Nutzen und Zweck und Erfolg und Aufwand. Wir fragen uns: Was bringt es? Und wenn es unterm Strich nichts bringt, dann lassen wir es eben bleiben. Und manchmal, da kommt ein solches Denken auch in unsere Kirchen hinein: Da werden Kirchenbesucher gezählt und Teilnehmerzahlen addiert, da ist der Reinerlös vom Pfarrfest wichtig und da wird die Frage gestellt: Lohnt sich der Aufwand mit der Erstkommunion, wenn anschließend doch so gut wie keiner mehr kommt? Und da kann es geschehen, dass wir unsere Vollmacht, die uns gegeben ist, auch missbrauchen, wenn wir nicht mehr den Dienst am Menschen sehen, sondern nur noch auf das, was unterm Strich herauskommt – und deshalb auch nur noch das tun, bei dem etwas herauskommt.

Ein solches Denken aber liegt Jesus mehr als fern. Er denkt nicht in den herkömmlichen Kategorien von Aufwand und

Erfolg, es geht ihm nicht um die Menge, um die Leistung, um die Quantität. Er heilt nicht, damit ihm die Menschen anschließend nachfolgen, er führt keine Statistiken, er rechnet nicht auf – es geht ihm einfach um die Menschen und um das Leben. Es geht ihm um die Menschen – und ich glaube, genau das ist der Schlüssel, warum Jesus seine Jünger zu zweit losschickt – allen Gesetzen der Rationalität und der Effektivität zum Trotz. Es geht ihm um die Menschen, zu denen er die Jünger hinschickt – aber es geht ihm auch um diejenigen, die er sendet. Er benutzt sie nicht einfach in seinem Interesse, er will, dass es auch ihnen gut geht. Deshalb sendet er die Jünger zu zweit aus …

Zu zweit sein – Freundschaft, Partnerschaft, Ehe – es gibt die verschiedensten Formen. Aber: nicht alleine sein. Und der Gott, an den wir glauben, ein Gott, der die Menschen liebt, weiß ganz genau: Es ist nicht gut, dass der Mensch allein ist.

Allein sein – auf sich verwiesen sein, für alles da sein müssen, vom tropfenden Wasserhahn bis hin zur Steuererklärung, sich ganz alleine aufraffen müssen, ins Kino zu gehen, zu wandern, ins Schwimmbad. Keiner, der zuhört, niemand, der ein tröstendes Wort sagt, niemand, der nachfragt: Wie geht es dir?

Zu zweit sein – da ist einer, der mitdenkt, einer, dem ich nicht egal bin, einer, der mir den Rücken freihält. Da ist einer, der ein gutes Wort für mich hat, einer, der mich ermutigt, aber auch mal konfrontiert, wenn es nötig ist, das ist einer, der für mich ist, dem ich verbunden bin. Das ist es, was ich mit Freundschaft verbinde.

Freundschaft, das ist Heimat, das ist Geborgenheit – und nur aus solch einer Geborgenheit heraus kann ich mich in die

Fremde wagen. Und im Gegensatz zum Verliebt-Sein verliert sich die Freundschaft nicht in sich selbst, sondern ist in der Regel auf ein gemeinsames Drittes ausgerichtet, auf gemeinsame Interessen, ein Ziel, eine gewisse Idee vom Leben.

Mit einem Freund an der Seite ist kein Weg zu lang, so sagt es ein altes Sprichwort. Mit einem Freund an der Seite trau ich mich, die verrücktesten Sachen zu tun, mit einem Freund an der Seite kann ich hin stehen, für eine Sache einstehen. Ein Freund, das ist einer, der mich trägt, wenn ich nicht mehr kann – und der mir offen sagt, wenn er an Grenzen kommt. Das ist einer, bei dem ich weinen kann – und der weiß, wann es notwendig ist, mich in den Arm zu nehmen. Das ist einer, der sich mir zumuten kann – und der mich auch aushält.

Das ist ein Miteinander – und das ist nicht nur die gegenseitige Ermutigung, sondern auch die Korrektur. Da erinnert man sich an den Auftrag, an die Idee – und kann den anderen liebevoll darauf hinweisen, wenn er seine »Vollmacht« nicht in den Dienst der Menschen stellt, sondern im Sinne vermeintlichen Erfolgs missbraucht.

Christ-Sein – ich glaube, das geht alleine gar nicht. Es braucht die anderen, die mit mir auf dem Weg sind, die mit mir ausgerichtet sind auf diesen Gott. Es braucht die anderen, damit ich die Radikalität dieses Gottes aushalten kann, es braucht die anderen, damit ich mich senden lassen kann, mich in seinen Dienst stellen kann. Es braucht die Freunde, die mir den Mut geben, die Nähe schenken, damit ich mich selbstlos und vorbehaltlos in den Dienst der Menschen stellen kann – und meinen Dienst nicht dazu missbrauche, Menschen deshalb zu helfen, um geliebt zu werden.

Es braucht die Freunde, damit ich selbst ein bisschen besser Mensch sein kann.

Und ich glaube, genau deshalb sendet Jesus die Jünger zu zweit aus – damit sie nicht verloren gehen angesichts der Größe ihrer Aufgabe, damit sie Mensch bleiben können trotz der Zumutung, in den Dienst genommen zu sein, damit sie selbst ein bisschen besser Mensch sein können – und den Menschen Mensch sein können.

Wer solche Freunde hat, kann sich auf den Weg machen – und wer sich auf den Weg macht, der bekommt solche Freunde zur Seite gestellt.

Zusage

Du brauchst nicht
das Unmögliche
möglich zu machen
du brauchst nicht
über deine Möglichkeiten
zu leben
du brauchst dich nicht
zu ängstigen
du brauchst nicht
alles zu tun
du brauchst
keine Wunder zu vollbringen
du brauchst dich nicht
zu schämen

du brauchst nicht
zu genügen
du brauchst Erwartungen an dich
nicht zu entsprechen
du brauchst
keine Rolle zu spielen
du brauchst nicht immer
kraftvoll zu sein

und du brauchst nicht
alleine zu gehen

Mit Leidenschaft und Gelassenheit (1994)

Ja, es war mir wichtig, meine »Südafrika-Pläne« mit einigen guten Freunden abzustimmen. Meine Entscheidung hat auch Konsequenzen auf diese Freundschaften. Und das gilt sowohl für die Zeiten in Südafrika wie hier in Deutschland. Denn ich hatte ja keine Ahnung, was auf mich zukommen würde! Ich würde mich auf einen Aufbruch in die Fremde einlassen – kann ja durchaus sein, dass das ganze Projekt scheitert. Da brauche ich wenigstens ein paar Fixpunkte hier, die mich halten und an denen ich mich festhalten kann, falls irgendetwas schiefgeht. Oder um es in einem Bild zu sagen: Ja, ich bin gerne bereit, mich aufs Meer hinauszuwagen, aber das geht nur, wenn ich um den einen oder anderen Hafen weiß, den ich notfalls anlaufen kann. Von Südafrika aus aber würde ich nicht in der Lage sein, einfach mal so vorbeizukommen oder eine halbe Stunde am Telefon zu erzählen.

Wenn ich einen solchen Schritt wage, dann geht es nur mit den Freunden im Hintergrund – und die müssen mich sozusagen auch ein wenig im Blick behalten und mitragen.

Und interessanterweise – es klappt, es geht und es funktioniert! Sogar als mein Laptop in Südafrika den Geist aufgegeben hatte, ich also keine Mails mehr empfangen konnte, kamen Briefe mit ganz normaler Post, andere riefen an – und Angelo kam sogar selbst vorbei, um zu sehen, wo ich da gelandet bin.

Mitten in Südafrika fühle ich mich geborgen und gehalten!

Und zugleich entstehen erste Freundschaften in Südafrika, Menschen, die mir wichtig sind, mit denen ich etwas Wichtiges erlebt habe, mit denen ich mich verbunden fühle.

Freunde, die ein Geschenk sind …

geschenk

die letzten kleinigkeiten erzählen
und dann stille

einfach nebeneinander sitzen
beieinander sein

das geschenk der nähe
nicht durch unnütze worte entwerten

nicht reden müssen
um mich zu spüren

um von dir wahrgenommen zu werden
um in beziehung zu sein

mein schweigen dein schweigen
als geschenk erleben

das die worte
kostbar macht

nähe
die keine worte braucht

7. August 2007

Angelo ist für mich solch ein Freund. Und ich genieße diese Freundschaft! Sie ist anders als andere Freundschaften. Sie geht in die Tiefe, wie es kaum eine andere Freundschaft tut. Selten habe ich es erlebt, dass mich ein Mensch so gut kennt, so gut mit mir umgehen kann. Es ist eine Freundschaft, die immer wieder herausfordert, da kann man sich nicht ein-richten. Langeweile, Gewohnheit, das wäre der Tod dieser Freundschaft. Und diese fast elf Jahre zusammen hier in Viernheim waren für mich sehr spannende Jahre!

> *Friendship is far more tragic than love.*
> *It lasts longer.*
> OSCAR WILDE

eigentlich
beachtlich

fast elf jahre
miteinander

genau ein viertel
deines lebens

bei mir ein bisschen
weniger

unsagbar viele geschichten
unsagbar viel erlebtes

gott und glaube
leben arbeiten

höhen niederungen
leicht und schwer

schwächen stärken
fremd vertraut

kapstadt viernheim
und irgendwo dazwischen

und wir kennen uns
fast bis auf den grund

und lieben uns
noch immer

5. Februar 2008

Angelo konnte mich gehen lassen – auch wenn es für ihn
damit in den beiden Gemeinden nicht einfacher wurde. Er
hat gespürt, gewusst, dass ich diesen Weg gehen soll, gehen
muss, auch wenn wir dann nicht mehr konkret zusammenarbeiten würden – und er hat mich dabei unterstützt und
sogar ermutigt. Und vielleicht war das sein größtes Freund-
schaftsgeschenk …

Als ich vor einigen Jahren in der Situation war, jemanden
gehen zu lassen, habe ich es so geschrieben:

dich frei geben

zugegeben
die Lektion
war schwierig
und musste
einige Male
wiederholt werden

aber Liebe
und Freundschaft
haben nichts
mit Rechten und Pflichten
zu tun und nichts
mit einklagbaren Ansprüchen

Liebe und Freundschaft
meint den anderen
und will ihm gut
und missbraucht nicht
und verzweckt nicht
und vertraut und lässt

lässt los
hält nicht fest
schreibt nicht vor
und schreibt nicht fest
lässt den anderen
anders sein

und knüpft
Liebe und Freundschaft
nicht an Bedingung
oder Forderung
lässt sein und werden
und wachsen

und geht mit
und ist da
lässt das Unterscheidende
nicht zum Trennenden werden
und will befreien
und stärken

und lässt los
wo es notwendig ist
und ist da
wenn es angesagt ist
und vertraut
bedingungslos

dass du
genau damit
umgehen kannst

und hat
doch manchmal
ein klein wenig Angst

24. November 2001

Und was hat Freundschaft mit Gott zu tun? Ich könnte es für mich ganz einfach so sagen: Jede Freundschaft mit Menschen lässt mich etwas davon erahnen, wie Gott mir Freund sein will, mir Freund ist. Da ist einer, der mich meint, der sich mir zuwendet, der mich anschaut. Da ist einer, der mir nachgeht, der sich um mich sorgt, der mich im Blick hat. Da ist einer, auf den ich mich verlassen kann – bedingungslos. Da ist einer, der seine Liebe nicht an die Erfüllung von Erwartungen knüpft, einer, der mir den Rücken freihält, einer, der mein Leben mit mir teilt. Ja – so verstehe ich Freundschaft und so verstehe ich meinen Glauben an diesen Gott.

Und doch – es gibt auch dunkle Stunden in Freundschaften, dunkle Stunden in meiner Beziehung zu Gott: Dann, wenn ich den anderen nicht verstehe, mich vom anderen nicht verstanden fühle. Wenn mir der andere fremd wird, ich die Nähe nicht mehr spüre. Wenn einen manchmal der Alltag so fordert, dass keine Zeit mehr bleibt für das Gespräch miteinander. Wenn eine Bitte scheinbar ungehört im Nichts verhallt … wenn ich mich frage: Wer bist du für mich? Wenn in mir die Angst wächst, den anderen zu verlieren, …

Freundschaft – das kann manchmal verdammt wehtun. Das kann gerade deshalb so wehtun, weil man sein Herz dem anderen gegenüber geöffnet hat, weil man sich verletzbar und verwundbar gemacht hat. Das kann gerade deshalb so wehtun, weil man den anderen mag. Und das ist mit Gott nicht anders als mit den Menschen …

Jede echte Freundschaft ist auch eine Zumutung. Ich kann mich und darf mich dem anderen so zumuten, wie ich bin, ich brauche nicht auch noch in dieser Beziehung eine Maske aufzuziehen. Und auch das gilt für Gott und die Menschen. Aber es gilt auch umgekehrt – auch der andere mutet sich mir zu.

Wem Gott seine Freundschaft anbietet, der wird vor eine Entscheidung gestellt. »Ich nenne euch nicht mehr Knechte, vielmehr habe ich euch Freunde genannt!«, so heißt es in den Abschiedsreden Jesu im Johannesevangelium.

Wir können es uns aussuchen, ob wir in unseren Beziehungen Gott und den Menschen gegenüber Knecht oder Freund sein wollen – der Knecht arbeitet gegen Lohn für den Herrn, mit Freunden feiert man Feste! Der Knecht erfüllt seine Pflicht, der Freund gibt sich hin. Der Knecht führt Befehle aus, der Freund sucht das Gespräch und ist notfalls auch zur Auseinandersetzung bereit. Der Knecht ist eine Tatsache, der Freund eine Zumutung, eine Zumutung, die über die Tatsachen hinausgeht. Eine Zumutung, die Visionen im Blick hat, sich nicht mit dem Gegebenen zufrieden gibt, die mehr will und mehr fordert – manchmal über das Menschenmögliche hinaus. Eine Zumutung, in der aber zugleich die Verheißung liegt: »Ich bin da!« Ich gehe mit euch, ich bin bei euch, alle Tage bis ans Ende der Welt! Und im Vertrauen auf diese Zusage müsste es eigentlich möglich sein, alle Menschen- und alle Gotteswege zu gehen, in hellen und in dunklen Stunden!

Engel, afrikanisch

eine Oryx-Antilope
vor dem roten Sand der Düne
die unendliche Weite
und die Stille
die unsagbare Stille
rosa Blüten am dürren Strauch
sirrende Hitze
gleißendes Licht
endlos lange Schotterpisten
karges Land

von der Sonne verbrannt

in der Ferne Trommeln
Gesang und Lachen
der heisere Schrei eines Tieres
geheimnisvolle Wildnis

herbe Schönheit
Leben und Tod
Licht und Schatten
treten hervor

von den Sternen umarmt

    und die Frage
    nach dem

woher
und wohin

vom Leben verbrannt
von der Nacht umarmt

herbe Schönheit
Leben und Tod

Licht und Schatten
treten hervor

und die Frage
nach dem

woher
und wohin

will
meine Antwort

und ich
ahne darum

nur mit deinem
und meinem Flügel

werden wir fliegen

Dezember 2007

LIEBE

Wenn man lange genug bei Gott rumhängt, färbt der Typ auch irgendwie ab.
RICHARD ROHR

Gott ist die Liebe.
1. JOHANNESBREIF 4,8

Und – was heißt das jetzt für uns beide?
13. Oktober 1994

Gehe ich vor dir, dann weiß ich nicht,
ob ich dich auf den richtigen Weg bringe.
Gehst du vor mir, dann weiß ich nicht,
ob du mich auf den richtigen Weg bringst.
Gehe ich neben dir, werden wir gemeinsam
den richtigen Weg finden.
SPRICHWORT AUS SÜDAFRIKA

»Wer meine Gebote hat und sie hält, der ist es, der mich liebt. Wer aber mich liebt, wird von meinem Vater geliebt werden, und auch ich werde ihn lieben und mich ihm offenbaren« (Johannesevangelium 14,21). Zugegeben, eine schwierige Schriftstelle, an die sich an einem Sonntag der Osterzeit die zukünftige Gemeindereferentin, sozusagen »in Ausbildung«, heranwagte. Im Kinderwortgottesdienst dachte sie mit den Kindern zusammen über »Liebe« nach – und die Liebe Gottes. Und dann lud sie die Kinder ein, mit Holzperlen in verschiedenen Rottönen ein Armband zu basteln. Jede Perle sollte für einen Menschen stehen, den die Kinder ganz konkret lieben. Und eine goldene Perle stand für die Liebe Gottes.

Klar, keine ganz einfache Aufgabe für die Kinder. Und so fragte dann auch eine der Mütter, die dabei waren, einfach um zu helfen: »Deine Lehrerin – wie wäre es denn damit? Die liebst du doch bestimmt!?« Das Kind, das sie gefragt hatte, dachte einen Moment nach und sagte dann ziemlich entschieden: »Die mag ich sehr – aber lieben ist anders!«

Aber lieben ist anders …

Ist das nicht Wahnsinn? Da spürt ein zehnjähriges Kind den Unterschied zwischen »mögen« und »lieben«. Und »lieben« ist anders. Mögen kann man viele Sachen, Schokoladenpudding, Schulferien, die Lehrerin – aber »lieben«, das ist anders.

Das geht tiefer, das ist existenzieller, das ist umfassender … Ja, sogar mir fehlen die Worte, wenn ich das beschreiben soll … aber es stimmt: Liebe ist anders.

Liebe – das sind die wirklich wichtigen Sachen, das sind die wirklich wichtigen Menschen. Das ist all das, was eben nicht nur grad nett ist, was man gerne entgegennimmt, sondern das ist das, was in die Tiefe geht, was berührt. Liebe ist anders.

Ich glaube, erklären kann man das nicht – man kann es vielleicht nur spüren.

Eigentlich war es ein ganz normaler Sonntag in der Osterzeit – aber ich bin sehr nachdenklich heimgegangen.

Lieben ist anders …

Zu lieben – das hat immer zu meinem Leben dazu gehört. Mal ein bisschen mehr, mal ein bisschen weniger platonisch, mal mit Lust, mal mit Leiden.

Auch wenn ich nicht allzu viel von Sternzeichen und Horoskopen halte – das mit der Leidenschaft bei den Skorpionen trifft schon durchaus auf mich zu. Und ich gebe gerne zu: Verliebt zu sein, macht mir keine Angst – im Gegenteil: Ich kann es durchaus sehr genießen und man kann auch mit Mitte Fünfzig noch »Flugzeuge im Bauch« haben. Und auch das Seinige dafür tun, dass man die »Flieger im Bauch« hat …

Lockruf

Zieh den
Eismantel aus
bei mir ist es
warm

lass deine Seele
atmen ich
verletz dich nicht
lass deine Knospen
blühen behutsam
berg ich sie

Zumutungen (1988)

Und damit ist klar, dass dieses Kapitel nicht so einfach ist.
Eigentlich möchte ich authentisch von meinem Leben erzählen – aber dazu gehören Namen und Gesichter, die nicht für
die Öffentlichkeit bestimmt sind, wenn ich diese Beziehungen nicht »verraten« will. Und so, wie die Leidenschaftlich-
keit zu den »Skorpionen« dazu gehört, so ist auch deren
Treue sprichwörtlich. Ich kann an dieser Stelle nur versi-
chern: Ich habe nicht nur theoretisch über die Liebe nach-
gedacht. Und die Frage »was machen wir beide denn jetzt
damit?« ist auch keine fiktive Frage.

Manchmal
wenn sich zwei Menschen
begegnen
passiert etwas Wundersames:
zwei Instrumente
gleich gestimmt
spielen die gleiche Melodie

Eine Melodie
zwischen hier und dort
zwischen gestern und morgen
zwischen dir und mir

Ich mag Gänseblümchen (1985)

Ich sitze an meinem Schreibtisch, und in mir werden Erinnerungen wach und Träume kommen hoch, Namen und
Gesichter stehen plötzlich vor meinen Augen. Und ich werde ein wenig traurig – und muss zugleich doch auch
schmunzeln. Ich erinnere mich zum Beispiel an ein sechs-
gängiges Silvestermenü, zu dem ich den damaligen Freund
eingeladen hatte. Ich bereitete es zwei Tage lang vor – und
war dann an Silvester, als die Anspannung nachließ, so
müde, dass ich Mitternacht fast nicht mehr erlebte. Und
dann gab es einen Freund, der von meiner Liebe zu ihm gar
nichts ahnte – und doch entstand aus den Texten in dieser
Zeit ein Buch – und ich musste ihm irgendwie vor dem
Erscheinen des Buches diplomatisch erklären, dass ich ihm
nicht etwa einen anderen Mann verschwiegen hatte, sondern dass eigentlich er gemeint war.
    Aber da waren auch durchaus dramatische Situationen
… zwei Tage, an denen ich die Rollläden unten ließ und nur
noch »Köln Konzert« von Keith Jarrett hörte – oder das Treffen auf einem Parkplatz, wo ich gemeinsamen Freunden von
der Zahnbürste bis zu den Winterreifen alles übergab, was
von »ihm« in meiner Wohnung gewesen war. Und es gab
(und gibt!) viele wunderschöne Momente, die ein Lächeln

auf mein Gesicht zaubern, auch im Nachhinein – und die mich ein wenig weicher und zärtlicher und liebevoller machen.

Schön bist du, mein Geliebter, verlockend.
Frisches Grün ist unser Lager,
Zedern sind die Balken unseres Hauses,
Zypressen die Wände
HOHESLIED 1,16–17

sanftes Hauchen
leises Raunen
zartes Schmeicheln
lindes Streicheln

unwiderstehlich
verzaubernd
anmutig
verführend

knospende Blüte am Zweig
lockender Ruf eines Vogels
schmale Sichel des Mondes
raunendes Flüstern des Windes

mich
ganz zart
berühren lassen
von dir

Mich zart berühren lassen von dir (1999)

Zum Glück ist und bleibt die Liebe unberechenbar – man kann sie nicht planen, nicht im Terminkalender eintragen. Liebe ist immer Geschenk. Ich habe kein Recht darauf, und ich kann sie nicht einfordern. Dafür kommt sie manchmal so überraschend, dass sie mein Leben regelrecht verrückt durchkreuzt. Das kann dann gelegentlich Chaos der schönsten Sorte geben! Nicht umsonst gelten frisch Verliebte als nicht so ganz zurechnungsfähig. Aber – ist das eigentlich wirklich so schlimm?

> *Weckt nicht die Liebe,*
> *bis sie selber sich regt.*
> HOHESLIED 2,7

Immer noch du schon wieder

Muss das sein?
es war so schön ruhig
ich kenne das doch schon
die letzten Wunden sind grad erst verheilt
ich hab dich nicht gerufen
mag nichts mit dir zu tun haben

… bis sie selber sich regt

du bringst Unruhe in mein Leben
stellst alles auf den Kopf
machst ein heilloses Durcheinander
aus Lust und Schmerz und Kraft

nein nicht schon wieder nicht mit mir
ich mach da nicht mit

… bis sie selber sich regt

ich verriegele die Tür
schließe die Fensterläden
verhänge die Bilder
verjage die Träume
und stell den Wecker
auf übermorgen

… bis sie selber sich regt

verdränge das Ahnen
leugne das Sehnen
fliehe den Schmerz
betrüge mein Herz
und verrate
mich selbst

… bis sie selber sich regt

aber Träume lassen sich nicht verbieten
das dumpfe Pochen
das Klopfen bleibt
das flaue süße Gefühl
und leiser Zweifel
vielleicht doch

… bis sie selber sich regt

der Schmerz holt mich ein
die Hoffnung wird stärker
mein Sehnen wird kraftvoller
das Herz klagt ein
und ich werde bereit
mich neu zu riskieren

… bis sie selber sich regt

ich stelle den Wecker ab
und hör was die Uhr geschlagen hat
ich lade meine Träume ein und färbe sie bunt
ich male neue Bilder und stelle sie aus
ich mach die Fenster auf
und lass die Wirklichkeit herein
und öffne die Tür

bin offen für
Liebe
Lust
und Schmerz

ich bekenne
ich habe mich ernsthaft gewehrt

aber ich glaube
sie hat sich wirklich von selbst geregt

22. Februar 1995

Nein – manchmal ist das mit der Liebe wirklich nicht einfach. Wenn ich liebe, mache ich mich berührbar, ja muss mich berührbar machen, damit ich den anderen auch spüren kann. Damit aber mach ich mich zugleich verletzbar, angreifbar, verwundbar. Liebe entgrenzt mich – aber damit fällt auch der Schutz meiner Grenzen weg. Wer liebt, kommt nicht unverletzt davon.

Ein neues Gebot gebe ich euch: Liebt einander!
JOHANNESEVANGELIUM 13,34

Lieben – wie geht das eigentlich – und was ist das überhaupt? Alle sprechen davon, die Titelstories der Frauenzeitschriften beschäftigen sich damit, jeder Schlagersänger kann ein Lied davon singen, und auch in der Werbung begegnet uns die Liebe auf Schritt und Tritt – oder vielleicht richtiger: das, was uns die Werbefachleute mit ihrem Produkt entsprechend an Lebensgefühl verkaufen wollen. Manchmal habe ich den Eindruck, fast jeder scheint ein Experte, eine Expertin in Sachen »Liebe« zu sein – und doch gibt es kaum etwas, was mehr Probleme beschert, mehr Konflikte verursacht als dieses kleine Wörtchen Liebe.

Da gibt eine junge Frau ihre eigene Wohnung auf, zieht zu ihrem Freund – und steht nach einem Vierteljahr vor den Scherben ihrer Beziehung. Da trennt sich ein Mann nach zehn Jahren Ehe von seiner Frau, weil er erfahren hat, dass sie einen Freund hat. Ein junges Mädchen verzweifelt, weil der Mann, in den sie sich verliebt hat, nichts von ihr wissen will. Ob wir vielleicht doch nicht so große Experten in Sachen Liebe sind?

Und darüber hinaus beschleicht mich ein leiser Verdacht: Könnte es möglicherweise auch sein, dass im Namen der Liebe mehr Sünden begangen werden als unter dem Namen irgendeiner anderen Sache? Die junge Frau, die mit ihrem Mann Streit anfängt, weil er zum Fußballspiel geht, aber eigentlich kann und will sie nur nicht allein sein. Der Mann, der seiner Freundin stolz den Blumenstrauß präsentiert, aber sich damit eigentlich nur von seinem schlechten Gewissen freikaufen will. Kinder, die angeblich aus Liebe bestraft werden, damit sie endlich lernen … Einer der verräterischsten Sätze ist die Aussage: »Ich hab's doch nur gut gemeint!« Gut gemeint – schon recht: aber für dich oder für mich?

Es gibt Situationen, da bezeichnen es Menschen als »Liebe«, wenn sie eigentlich ihre eigenen Interessen und Bedürfnisse stillen wollen, wenn sie den Partner an seiner Weiterentwicklung hindern, weil es für sie unbequem wird, wenn der Freund dafür bestraft wird, dass er ein eigenständiger Mensch ist und bleiben will. All das ist keine Liebe. Da wird vielmehr das Wort »Liebe« benutzt, damit und um zu …

Liebe in ihrem eigentlichen Sinn ist absichtslos und zweckfrei. Sie will nicht die Stillung der eigenen Bedürfnisse, sondern will das Wohlergehen des anderen. Liebe will zum Leben und zur Lebendigkeit anstiften und den anderen zu seinem wahren Mensch-Sein befreien – und ihn nicht zu dem umbiegen, wie ich ihn gerne hätte. Liebe hofft und vertraut, lässt los und birgt, schenkt her und lässt sich beschenken. Eine solche Liebe liebt nicht, um etwas zurückzubekommen, um selbst besser dazustehen, um etwas zu erreichen. Sie verführt und manipuliert nicht, sie gebraucht und verzweckt den anderen nicht. Sie macht frei und fesselt nicht.

Bei der Liebe gilt das marktwirtschaftliche Gesetz nicht: Geb ich dir, dann gibst du mir. Ich gebe, weil ich geben will – und nicht, weil ich etwas zurückbekommen möchte. Dort, wo Liebe an Forderungen und Erwartungen geknüpft wird, ist es keine Liebe und muss unter diesem Namen auch scheitern.

Liebe ist kein Machen und Tun, sondern eine Haltung, eine Einstellung. »Liebe« ist eigentlich ein »liebend-sein«, das das Beste für den anderen will. Eine solche Liebe erfüllt sich in der Hingabe und nicht dadurch, dass ich auf meine Kosten komme.

Ich gebe zu, eine solche Liebe kann etwas unbequemer zu leben sein als das, was manche Schlagersänger davon singen. Wer auf diese Weise liebt, der kommt nicht unverletzt davon. Lieben und leiden sind zwei Seiten einer Medaille – und das Wort »Leidenschaft« weiß davon zu erzählen. Wenn sich jemand für eine solche Art der Liebe öffnet, die den anderen meint und nicht sich selbst, der wird berührbar. Wer nur sich selbst meint, der wird hart. Aber wenn ich berührbar geworden bin, dann kann ich mir nicht mehr aussuchen, wovon ich mich berühren lasse.

Dann berührt mich das Schöne genauso wie das Traurige, die Umarmung des Freundes genauso wie das faltige Gesicht der alten Frau oder das Weinen eines Kindes. Wenn ich berührbar bin, dann kann ich die Höhepunkte des Lebens intensiv wahrnehmen und genießen – aber dann werde ich auch die Dunkelheiten an mich heranlassen müssen. Es gibt keinen Schalter, mit dem ich meine Berührbarkeit einfach ausschalten kann, wenn es unbequem für mich wird. Und ich glaube eigentlich, dass dies auch für die Liebe gilt: Eine Liebe, die nur einen ganz bestimmten Menschen meint, aber alle und alles andere von der Liebe ausschließt, ist keine Haltung, sondern möglicherweise Gedankenlosigkeit oder eine nett getarnte Form der Bedürfnisbefriedigung. Wer liebt, der leidet am Leid des anderen, der leidet an seiner eigenen Ohnmacht, dem anderen nicht helfen zu können, der mag daran leiden, dass seine Liebe einen anderen nicht erreicht, der leidet an sich selbst, weil er selbst so oft diesen Anspruch des Liebens verfehlt – und die Liebe doch wieder mit einem »um zu« verknüpft hat.

Jesus weiß, wovon er spricht, wenn er seinen Jüngern dieses Gebot gibt: »Liebet einander.« Kurz vorher hat er seinen Jüngern im Dienst der Liebe die Füße gewaschen, er ist im Innersten aufgewühlt, als er Judas als den entlarvt, der ihn verraten wird – und er weiß, dass er aus Liebe zu uns Menschen den Tod am Kreuz auf sich nehmen werden muss. Die Liebe kennt die Hingabe und das Leiden. Sie nimmt sich nicht zurück aus Angst vor dem Leiden, sie riskiert sich, gibt sich. »Es ist, was es ist, sagt die Liebe«, so schreibt es Erich Fried in einem Gedicht. Die Liebe liebt – und nimmt das Leiden, das mit dieser Berührbarkeit verbunden ist, in Kauf.

Liebt einander – das heißt: berührbar zu werden für den anderen und den anderen zu berühren auf die Gefahr hin, dass ich verletzt werden kann. Das heißt: meine Mauern einzureißen – und die Mauern der anderen wegzulieben. Das ist Hingabe, ohne eine Gegenleistung zu erwarten.

Zugegeben – das hört sich ein bisschen anders an als das, was in Songs und Zeitschriften, beim Friseur und beim Kaffeekränzchen unter dem Namen »Liebe« gehandelt wird. Und wenn ich zu Recht gefragt werde: Warum und wozu denn all das? dann lautet meine Antwort schlicht und ergreifend: Damit Menschen lebendiger werden – Sie und ich und all diejenigen, die wir lieben.

Auf einem Kalenderblatt las ich einmal: »Jung ist derjenige, der sich noch verlieben kann.« Ich fand das sehr einleuchtend, wenn man »verlieben« ein wenig weiter fasst, als es herkömmlich getan wird. Ich kann mich in einen Menschen verlieben, in eine Stimmung, in eine Situation. Wenn ich an einem Augustabend den Schrei der Wildgänse höre, die über Viernheim hinwegziehen, wenn die Mondsichel klar am frühen Morgen am Himmel steht, wenn ich die Zärtlichkeit eines alten Menschen erlebe, die Trommeln und den mitreißenden Gesang in einem Gottesdienst der Zulus in der Kathedrale von Mariannhill oder den Augenblick in einer Trauerfeier, wenn der Sarg hinaus ins Licht gefahren wird – ja, dann ist unsagbar viel Liebe für das Leben in mir. Mein Begriff von Liebe hat sich verändert: Es ist natürlich die Liebe zu einem Mann – aber es gibt auch eine Liebe für das Leben und eine Liebe für Gott.

In einem solchen Sinn liebe ich Afrika. Es mag sich komisch anhören – aber ich kann es nicht anders erklären. Okay, ich muss natürlich ehrlicherweise sagen, das »südliche Afrika«. Ich kenne diesen Kontinent immer noch viel zu wenig, habe bisher nur den einen oder anderen Mosaikstein entdecken dürfen. Aber das mit Afrika ist für mich ungefähr so wie mit einem Mann, dem ich irgendwo begegne – und da funkt es plötzlich. Man ist auf der gleichen Wellenlänge, man versteht sich, wird auf einmal hellwach – und ist ganz plötzlich verliebt. Und ich warne alle, die das erste Mal nach Afrika fahren, vor diesem »Afrika-Virus«: Man verliebt und verliert sich in die Landschaft – oder besser: die Landschaften – , das Licht, die Musik, und in die Stimmung, wenn spät am Abend von irgendwoher Trommeln und Gesang herüberschallen. Man verliebt sich in die Freundlichkeit der Afrikaner, in ihre Lebensfreude, in ihr Lächeln. Man verliebt sich in eine Atmosphäre, eine Lebenshaltung – und hat das Gefühl, plötzlich viel näher an dem dran zu sein, was Leben meint.

Immer dann und dort, wo Afrika heute ein hartes und brutales Gesicht hat, ist es die Konsequenz dessen, was der westliche Lebensstil, angefangen bei der Sklaverei über die Kolonialisierung bis hin zur heutigen Ausbeutung der Rohstoffe, über Afrika gebracht hat. Und ich glaube, es ist auch verständlich: Wer mit der Erde verbunden ist, lebt mit der Erde. Wer mit dem Besitz verbunden ist, lebt mit dem Besitz – und muss ihn vermehren und absichern und notfalls mit Waffengewalt verteidigen.

Nein, keine Sorge – ich werde Afrika nicht zum Paradies erklären. Sklaverei war nicht erst ein Thema, als die Weißen in das Land kamen, auch Schwarze haben Schwarze versklavt – und später an die Weißen verkauft (in Europa gab es sowas Ähnliches übrigens früher auch – ich erinnere nur an die Leibeigenschaft). Südafrika hat nach langen Jahren und Jahrzehnten des Leidens zum Glück in Nelson Mandela und Desmond Tutu Führer, die dieses Land und seine Menschen lieben. Sie »mochten« es nicht nur, sondern sie haben sich für dieses Land »hingegeben«. Und eine solche Liebe weckt Liebe. Das ist mit ein Grund, warum Südafrika nach dem Ende der Apartheid nicht in Revolution und Mord und Totschlag versunken ist. Liebe macht Dinge möglich, die unmöglich zu sein scheinen.

two oceans

land
zwischen den meeren
land
der gegensätze
regenbogen
land

land
auf dem weg
black and white
together
dunkle geschichte
mit zukunft

mühsam langsam
doch schritt für schritt
sich versöhnen
sich annähern
verstehen lernen
toleranz achtung

vielleicht
geht das nur
weil dieses land
so schön ist
dass man es lieben muss
und nicht zerstören will

vielleicht
geht das nur
weil es in diesem land
menschen gibt
die bereit sind
sich diesem land zu geben

nkosi sikelel' iafrica
Gott schütze Afrika

Menschen und Beziehungen können sterben. Aber die Liebe
entscheidet über das, was bleibt.
Denn das letzte Wort hat immer die Liebe.

Callas

Mondlicht fällt
gleißend aufs Meer

Wellen schlagen
an den Strand

je tiefer der Mond
dem Meer entgegengeht

umso schmaler wird
sein Streifen

das ist
Leben

wer den Tod im Blick hat
wird wesentlich

der Mond wird
am nächsten Abend

wieder
am Himmel stehen

all das
was wirklich wichtig ist

kann und wird
nicht sterben

nur manchmal entzieht es sich
unseren Blicken

und es braucht keine Worte mehr

wir sind uns
unsagbar nah

Und dann kann Liebe vielleicht wieder ganz einfach sein …

GOTT

Ich würde nur an einen Gott glauben, der zu tanzen versteht.
FRIEDRICH NIETZSCHE

Er hat mich gesandt,
damit ich den Armen eine gute Nachricht bringe,
damit ich den Gefangenen die Entlassung verkünde
und den Blinden das Augenlicht;
damit ich die Zerschlagenen in Freiheit setze
und ein Gnadenjahr des Herrn ausrufe.
LUKASEVANGELIUM 4,18–19

Wenn du nicht an Gott glaubst – vielleicht glaubt Gott
an dich?
Tagebuch vom 24. Oktober 1989

Die Menschheit braucht einen neuen Mythos. Dieser Mythos
entsteht nicht aus einem einzigen Volk, sondern aus dem
Gespräch vieler Traditionen und spiritueller Richtungen
miteinander. Die Verschiedenheit gehört zum alten Mythos.
Bei aller Unterschiedlichkeit gibt es etwas, das allen Traditionen gemeinsam ist: der Wunsch, mit dem Heiligen in
Kontakt zu kommen. Darauf sollten wir setzen, nicht auf
die Unterschiede.
SOBONFU SOMÉ

Und was hat das jetzt mit Gott zu tun?

Darf ich Ihnen zwei etwas ungewöhnliche Fragen stellen?

Was haben eigentlich Liebe und der Heilige Geist miteinander zu tun? Ich weiß nicht, wie Ihre Antwort lautet – meine heißt: eine ganze Menge.

Und was haben Feuer und Teelichter gemeinsam? Ziemlich wenig – aus meiner Sicht.

Ja, ich gebe gerne zu – meine Antworten sind im Moment wahrscheinlich genauso rätselhaft für Sie wie die Fragen, die ich gestellt habe. Lassen Sie mich zwei kleine Geschichten erzählen.

Die eine Geschichte ist fast fünfundzwanzig Jahre alt. Ich hatte gerade mein erstes Buch veröffentlicht – und natürlich waren auch ein paar Liebesgedichte drin, verbunden mit all dem Kitzel, der Gänsehaut, diesem wunderschönen Verzückt-Sein, wenn man grad frisch verliebt ist. Und dann bekam ich irgendwie mit, dass jemand einen dieser Texte benutzt hatte, um Schülern zu erklären, wer Gott ist und wie er uns liebt. Als ich ihn das nächste Mal sah, sprach ich ihn daraufhin an und sagte protestierend: Das ist aber ein ganz richtiger Liebestext! Und darauf war seine Antwort: Ja, genau deswegen hab ich ihn ja genommen!

Diese Geschichte hat mich seitdem begleitet – und ich glaube, er hat recht! Wer einmal in seinem Leben richtig geliebt hat, der bekommt eine Ahnung davon, wie die Liebe Gottes zu uns ist. Und wie vielleicht unsere Liebe zu Gott sein sollte …

Lieben: heiß, stark, heftig. Entbrannt, entflammt – und doch wieder auch ganz leise und zart. Mit einem Gefühl, das den anderen meint – und eben nicht die Stillung der eigenen Bedürfnisse. Lieben: das ist Hingabe – und eben nicht aufrechnen. Lieben: das ist da sein – ohne groß drüber zu reden. Lieben: das ist eben genau das Feuer, das lodernd flammt – und nicht das kleine Teelicht, das nett vor sich hin brennt.

Und damit sind wir bei der zweiten Geschichte: Ich war in einer Vorbereitungsgruppe, die eine liturgische Nacht im Mainzer Dom zum »Heiligen Geist« vorbereiten sollte. Ich sprach mit Angelo darüber, und er sagte ganz spontan: »Wenn es um den Heiligen Geist geht, dann brauchen wir Feuer im Dom – und keine Teelichter!« Und das leuchtete mir, im wahrsten Sinn des Wortes, sofort ein. Die Vorbereitungsgruppe erklärte mich zwar für vollkommen verrückt – immerhin wurde der erste Dom schon am Tag seiner Einweihung im Jahr 1009 durch ein Feuer vernichtet – aber probieren könnte man es ja mal. Und nach einigen Gesprächen mit der Feuerwehr und den Pyrotechnikern vom Staatstheater bekamen wir es wirklich hin: in dieser Nacht brannten keine Teelichter im Dom, sondern sieben kleine Feuer, je eines für die Gaben des Heiligen Geistes. Okay – Mainz liegt in Deutschland, also stand bei jedem ein Feuerwehrmann dabei, und sie waren ordentlich abgesperrt – aber es waren wirklich richtig kleine Feuer.

Wenn der Heilige Geist kommt, dann entzündet er kein nettes Teelicht, sondern ein Feuer in uns. Und auch die Liebe ist kein nettes Teelicht, das man im 50er-Pack für 2,99 bei Ikea kaufen kann, sondern sie will uns ganz. Sie entzündet uns, sie entflammt uns. Das haben die Liebe und der Heilige Geist gemeinsam – und beide unterscheiden zwischen netten Teelichtern und einem Feuer.

Es liegt an uns, ob wir das Feuer zulassen oder uns mit dem Teelicht zufriedengeben. Es liegt an uns, ob wir uns von dem Feuer unseres Glaubens entflammen lassen oder das Licht unseres Glaubens in einem Teelicht bewahren – möglicherweise noch in einem schönen Glasbehälter, damit es ja nichts in Brand steckt. »Brandstifter sollt ihr sein – nicht Feuerwehrleute!«, so sagte es etwas plakativ Rochus Spiecker, ein geistlicher Leiter der Pfadfinder, in den 1950er Jahren. Und genau das ist die Frage, der wir uns stellen müssen: Brennt noch das Feuer in uns – oder haben wir uns mit dem Teelicht zufriedengegeben?

Mich berührt ein Lied von Beyoncé aus dem Jahr 2009: »Halo« (auf deutsch: »Heiligenschein«). Ja, es ist ein Liebeslied – so wie mein Text damals. Aber es ist ein Lied, das sich nicht mit den Teelichtern der Liebe zufrieden gibt – es will das Feuer.

Und vielleicht ist es sogar ein Lied vom Heiligen Geist. Im Deutschen würde der Text etwa so heißen:

Erinnere dich an die Wände, die ich baute – sie brechen zusammen. Sie haben nicht einmal einen Kampf ausgehalten. Sie haben nicht einmal einen Ton von sich gegeben. Stehend im Licht deines Heiligenscheins habe ich jetzt meinen Engel. Es ist, als ob ich erweckt worden wäre. Ich nehme das Risiko auf mich, dich alle Regeln brechen zu lassen. Überall finde ich deine Umarmung. Und ich sehe deinen Heiligenschein. Du weißt, du bist meine Erlösung. Du bist alles, was ich brauche und mehr. Triff mich wie ein Strahl der Sonne, brennend durch meine dunkelste Nacht. Du bist der Einzige, den ich will, ich bin abhängig von deinem Licht. Überall, wo ich nun hinsehe, bin ich umgeben von deiner Umarmung. Und ich sehe und ich fühle deinen Heiligenschein!

Das ist der Heilige Geist. Und das haben der Heilige Geist und die Liebe gemeinsam – und genau das unterscheidet ein Teelicht von einem Feuer.

Meine Beziehung zu Gott war ein langer Weg.

Mit sechzehn Jahren war ich vollkommen vom Glauben weg. Und das trotz bester katholischer Kindheit und Pfadfinder und Kaplänen, die es damals noch gab. Ich hatte genug mit mir selbst zu tun, mit dem ersten Verliebt-Sein, der Schule, den beruflichen Plänen. Und bei den Versuchen, mich von zu Hause zu lösen, auf eigenen Beinen zu stehen, ist auch der Glaube erstmal auf der Strecke geblieben.

Eigentlich nicht so besonders verwunderlich. In dem Alter hat man anderes zu tun. Und wenn Sie mir erzählen wollen, dass Sie mit sechzehn Jahren jeden Sonntag voller Begeisterung im Gottesdienst waren, dann bin ich bereit, sofort den Heiligsprechungsprozess für Sie einzuleiten.

Zu Gott und meinem Glauben und der Kirche habe ich nicht deshalb zurückgefunden, weil ich das so toll fand, sondern weil jemand sagte: »Du, da gibt es einen netten Jugendclub – hast du nicht Lust mitzukommen?« Und da mein Tanzkurs alles andere als erfolgreich gewesen war, ich gerade in ehrlicher Selbsterkenntnis zugeben musste, dass ich dabei war, mein Jung-Sein erfolgreich zu verschlafen und sofort in den Erwachsenenzustand zu wechseln – und mein Leben nicht so besonders spannend war trotz Irland-Urlaub und Lesen und Abi machen, ging ich halt mal mit.

Dass die Veranstaltung in katholischen Räumen stattfand, bürgte immerhin ein wenig für Seriosität, und so konnte auch mein Vater mich an dem Abend ziehen lassen

– mit den notwendigen Ermahnungen versehen und mit meinem Versprechen, dass mich jemand heimbringen würde. Es geschah weder etwas Schlimmes noch etwas Revolutionäres in diesem Jugendclub, man saß beieinander, trank ein Bier, unterhielt sich, diskutierte über Gott und die Welt – aber es war immerhin schon eine andere Welt als diejenige, die ich von zu Hause oder in der Schule bis dahin mitbekommen hatte. Ich fing an, mich ein wenig zu spüren – ich verliebte mich hoffnungslos in einen jungen Mann, der überhaupt nicht zu mir passte, ein anderer verliebte sich in mich und brachte mich jedes Mal treu und brav nach Hause (immerhin für ihn eine halbe Stunde Fußweg!) – und ich klagte mein Leid über die unerwiderte wie auch über die nicht willkommene Liebe einer erfahrenen, jungen Ehefrau – und manchmal saß auch der Kaplan einfach dabei.

Objektiv gesehen war das alles sehr harmlos – und doch kam da etwas in Bewegung. Mir wurden plötzlich Fragen gestellt, die kein anderer stellte, ich wurde mit Themen konfrontiert, mit denen ich sonst nie konfrontiert wurde – und ich entdeckte ganz neu mein eigenes »Jung-Sein«.

Und dann fragte einer: »Hast du am Fastnachtsdienstag Zeit? Wir bräuchten dich für die Kinderfastnacht!« Das hatte noch nie jemand zu mir gesagt: »Wir brauchen dich!« Klar, bei meinen Eltern klang das immer mal wieder durch; aber da kannte man es ja schon seit sechzehn Jahren und hatte sich dran gewöhnt – und es gehörte irgendwie dazu.

An dem Abend war es neu für mich …

Also Kinderfastnacht – und dann die Kinderfreizeit – und die Leitung einer Kindergruppe – und und und … Dass das Ganze mit Kirche zu tun hatte, na ja, okay – es störte erstmal nicht weiter. Damals gehörte es einfach zum guten Ton, dass man vor dem Frühschoppen am Sonntag zum Gottesdienst ging – aber das Entscheidende war sicher nicht der Gottesdienst.

Das Engagement ging weiter, irgendwie rutschte ich in die Leitung der katholischen Jugendarbeit auf Stadtebene hinein, schließlich auf Diözesanebene – Menschen, die mitarbeiten, werden wohl immer und überall gebraucht. Und an der Seite zu stehen und nur zuzugucken, das war noch nie meines gewesen.

Und ganz langsam und beharrlich sickerte Gott und der Glaube in mein Leben ein.

Ein Gruppengottesdienst mit einer überzeugenden Idee, ein Lied mit einer mitreißenden Melodie, ein Verbandstreffen auf Bundesebene, wo man auf einmal Gemeinschaft erlebte … Zugegeben – ich hatte einen großen Vorteil: Mein Glauben war so sehr am Punkt Null angelangt, dass all diese neuen Erfahrungen von Glaube und Kirche sich nicht mit alten Bildern streiten mussten – von denen hatte ich mich eh schon lange verabschiedet.

Ein einschneidendes Erlebnis war die Feier der Kar- und Ostertage in Kirchähr, einem Bildungshaus der Diözese Limburg.

Ich erinnere mich gut: Ich war knapp zwanzig damals, hatte anfanghaft ein wenig zum Glauben zurückgefunden, war auf Menschen gestoßen, die glaubwürdig von Gott erzählten, ging auf in meinem jugendlichen Idealismus, es tat mir gut, gebraucht zu werden – und machte alles Mögliche.

Und dann gab es Kar- und Ostertage für Verantwortliche in der kirchlichen Jugendarbeit. Diese Tage standen unter dem Motto: »Er hat mich gesandt, damit ich den Armen eine gute Nachricht bringe; damit ich den Gefangenen die Entlassung verkünde und den Blinden das Augenlicht; damit ich die Zerschlagenen in Freiheit setze und ein Gnadenjahr des Herrn ausrufe« (Lukasevangelium 4,18–19).

Und in diesen Tagen hat es mich gepackt. Ich habe das erste Mal in meinem Leben verstanden, dass ich gemeint bin, dass die Zusage mir gilt: Ich Arme höre eine gute Nachricht, ich Gefangene werde befreit, ich Blinde werde sehend, ich Zerschlagene werde frei. Mich hat es wie ein Blitzschlag getroffen – ich bin die Arme, die Gefangene, die Blinde, die Zerbrochene.

Bis dahin konnte ich ganz gut damit leben, dass die anderen blind und zerbrochen und arm und gefangen waren – und dass es natürlich mein Job ist, ihnen zu helfen, damit sie sehend und ganz und reich und frei werden. In diesen Tagen ist mein Bild von mir selbst zerbrochen. Ich bin ziemlich hart darauf gestoßen worden, dass ich blind bin und manches nicht sehen will, dass vieles in mir unheil ist, dass ich arm in meinem Leben bin und gefangen in den Gefängnissen, die ich mir selbst und die mir andere gebaut haben. Und mitten hinein in diese Erkenntnis kam die unbedingte Zusage: Ich bin gekommen, damit du heil und reich und ganz wirst! Und obwohl

Ostern war, habe ich geweint. Oder vielleicht habe ich auch geweint, weil Ostern war …

Diese Tage, diese Erkenntnis haben mein Leben auf den Kopf gestellt. Die Botschaft Gottes gilt mir, mir ganz persönlich. Ich bin gemeint. Und nur dann, wenn ich diese Zusage leibhaftig, im wahrsten Sinne des Wortes, selbst erfahre, kann ich anderen dies vorleben, es glaubwürdig weitersagen, es für sie erlebbar machen.

Ich habe damals die Konsequenzen gezogen – vom beruflichen Weg in der Industrie hin zur Sozialpädagogik, und schließlich zur Kirche. Für mich hat diese Schriftstelle die Überschrift: »Einladung zum Leben« – zum Leben hier und jetzt, und nicht irgendwann sonst und unter irgendwelchen anderen Umständen und nicht erst, wenn und …

dieser auftrag
ist eigentlich
eine zumutung

armen eine gute nachricht bringen
gefangenen die entlassung verkünden
den blinden das augenlicht
die zerschlagenen in freiheit setzen
und ein gnadenjahr des herrn ausrufen

wer
kann
das
schon

bin ich nicht selbst
arm
gefangen
blind
zerbrochen und zerschlagen

arm an vertrauen
an glauben
an liebe

gefangen in erwartungen
selbstzweifeln
den nettigkeiten des lebens

blind für diejenigen
die nicht in mein bild passen
für das land hinter der mauer

zerbrochen und zerschlagen
weil man mich anders will
weil ich zu viel von mir will

und da
schickst du
gerade mich

und ganz leise
ist da
ein raunen

ja
genau dich
brauche ich

ich brauche dich
in deiner armut
weil du den hunger
nach liebe kennst

ich brauche dich
mit all deinen grenzen
weil du die sehnsucht
nach freiheit kennst

ich brauche dich
mit all deinem blind sein
weil du den wunsch
nach licht kennst

ich brauche dich
mit all deinen wunden
weil du die schmerzen
des lebens kennst

ich brauch dich so
wie du bist
komm
ich brauch dich

und dann geh
und teile mit den menschen
deine armut und deine grenzen
deinen hunger und deine sehnsucht
deine wunden und deine hoffnung
deine schmerzen und deine visionen

und
im gehen

wirst du beschenkt werden
wirst du befreit werden
wirst du sehend werden
wirst du geheilt werden

ja
die aufträge gottes
sind eine zumutung
aber zugleich
sind sie
eine zusage

für den
der
losgeht

und

die sich
erst im gehen
erfüllt

und vergiss nicht:
jeder auftrag
ist zuallererst

zusage

9. Juli 2009

Tja – und mit dieser Zusage und mit diesem Auftrag bin ich
jetzt also in Mariannhill gelandet. Und es ist gut so.

Noch ist dort alles sehr neu und frisch für mich, damit
aber auch gestaltbar. Ich leite »Bibliolog«-Grundkurse – das

ist eine neue Form, mit biblischen Texten zu arbeiten (im Internet: www.bibliolog.de) –, begleite die Schwestern im Konvent ein wenig im spirituellen Bereich, arbeite bei Kursen mit.

Aber am spannendsten finde ich es eigentlich, zu sehen, zu hören, zu erleben, wie die Menschen dort leben.

Erfahrungen in Südafrika – noch ohne Überschrift

Südafrika bezeichnet sich selbst gerne als das »Regenbogenland«, aber ein Regenbogen kann nur dann entstehen, wenn es Sonne *und* Regen hat. Und Südafrika ist ein Land mit Sonne und Regen, durchaus konkret, aber auch im übertragenen Sinn. Konkret: Das Wetter war in meinen ersten Wochen hier so schlecht, dass sich sogar die Südafrikaner dafür schon entschuldigt haben. Das Erste, was ich mir gekauft habe, war ein Regenschirm. Und die Menschen in Südafrika stehen tatsächlich teilweise immer noch »wirklich im Regen« – es gibt zu wenig Arbeit, es gibt eine hohe Zahl an HIV-Infizierten, das Lebensniveau ist bei den meisten nach wie vor niedrig, und die Flüchtlinge aus Simbabwe und Malawi machen die Situation nicht gerade einfacher.

Aber es gibt natürlich auch viel Sonne! Eine wunderschöne Landschaft, viel Lebensmut und Freude, Hoffnung, Engagement! Die Afrikaner singen – auch mitten im Regen. Wir rennen mit traurigem Gesicht herum und beklagen uns. Die Afrikaner trommeln ihre Lust am Leben heraus – und sei es auf einer leeren Plastikbox. Wir suchen einen Therapeuten auf, der unsere Depression bearbeitet. Die Afrikaner sind viel geerdeter, mehr in Verbindung mit sich und der Natur.

All das stimmt – und stimmt auch wieder nicht. Es gibt nicht die »Afrikaner« und es gibt nicht die »Europäer«. Es gibt einen »African way of life« und einen »Western way of life« und es gibt schwarze und weiße Afrikaner – und weiße und schwarze »Westler«, also Menschen, die sich dem amerikanisch-europäischen Lebensstil anpassen.

Reichtum ist nicht mehr nur den Weißen vorbehalten, es gibt inzwischen in Südafrika mehr schwarze Millionäre als weiße. Es gibt Reichtum und Armut. Aber es ist bewundernswert, mit welcher Energie, mit welcher Hoffnung sich Menschen emporkämpfen, Schritt für Schritt machen, sich nicht versorgen lassen, sondern sich selbst engagieren.

Südafrika ist im Aufbau … aber die spannende Frage bleibt: Wohin baut es sich auf? Wählt es einen »Western way of life«, der eigentlich keine Zukunft hat – oder ist es schon selbstbewusst genug, einen »African way of life« zu gehen? Einen Weg der kleinen Schritte, der Verbundenheit mit der Natur, der Achtsamkeit mit der Umwelt?

Südafrika ist mitten im Umbruch – mitten im Aufbruch. Das ist gut so. Aber es gibt durchaus die Gefahr, dass die Menschen dort vor lauter Aufbruch und Umbruch das hergeben und verlieren, was sie eigentlich ausmacht. Das aber ist nicht nur ein afrikanisches Problem, sondern auch ein »europäisches« – ich erinnere nur an unsere Diskussionen um »Kreuz und Kruzifix« und daran, was aus unserem Sonntag geworden ist.

Und das ist eine der ersten Konsequenzen, die ich für mich gezogen habe … die Afrikaner dabei zu ermutigen, ihren Weg zu suchen, zu finden und zu gehen, ihren eigenen Weg. Es kann nicht darum gehen, dass die Afrikaner unseren westlichen Weg zu kopieren oder nachzuahmen versuchen. Im Gegenteil: Unser derzeitiger Lebensstil wird diese Erde zugrunde richten.

Es gibt einiges, was wir von Afrika lernen könnten, wenn wir unsere Art und Weise zu leben nicht arrogant als die einzige Möglichkeit ansehen würden – und wenn die Afrikaner selbstbewusst wären, ihren Weg zu gehen. Mission ... das könnte heute heißen: Nicht eine Kultur hat alles Gute gepachtet, sondern wir beschenken uns gegenseitig mit dem, was unser Reichtum ist.

Ich bin sehr beschenkt worden ... durch die Lebensfreude der Afrikaner, ihre Gelassenheit, ihren anderen Umgang mit der Zeit, ihre Musik und ihr Lachen, ihre Verbundenheit mit den Vorfahren. Und vielleicht kann ich ja hier in Deutschland das eine oder andere davon weitergeben.

Und vielleicht könnte das die beste Überschrift für diesen Text sein: Wer beschenkt eigentlich grad wen?

Im Zweifelsfall würde ich natürlich sagen: Gott schenkt. Wer aber ist das eigentlich, Gott? Damals war er für mich vor allem der Gott, der mich aus allen fremden und »selbstgemachten« Gefängnissen befreit, der Gott des Exodus, der Gott des Aufbruchs. Dann war er mal wieder eher der bergende und schützende Gott, der mich wie ein Kind in seinem/ihrem Arm hält, zu dem ich mich flüchten kann. Manchmal ist es der große und allmächtige Gott, der sich meinem Begreifen entzieht, vor dem ich anbetend stumm werde – und dann ist es wieder der mitgehende Gott, der mich einfach kennt und dem ich alles erzählen kann, was mich berührt, bewegt und beschäftigt. Das, was mir Gott gerade ist, sagt wahrscheinlich viel mehr über mich als über Gott aus.

   die drei
   hände gottes

   natürlich werden sie jetzt sagen
   gott hat keine drei hände
   man kann nur zwei hände haben

   aus der sicht der menschen
   haben sie recht
   aber gott ist anders

   dann und dort
   wo menschen nur zwei hände haben
   hat er drei

   mit einem finger der ersten hand
   berührt er uns ganz zart
   ruft in uns das leben hervor

   die sehnsucht die neugier
   das wollen das aufbrechen
   das gehen das staunen

und dann verlieren wir uns
gehen in die irre
geben uns den mächten des todes

und dann packt uns seine zweite hand
zieht uns aus dem dunkel zum licht
holt uns aus den abgründen heraus

er wird handgreiflich
wird konkret
fordert uns heraus

und dann stehen wir da
nackt und bloß
vor ihm und allein

und dann
kommt
seine dritte hand

und sie legt sich auf meine schulter
gibt mir kraft
stärkt mir den rücken

ist bei mir
wenn ich losgehe
und vielleicht ankomme

berührt sein
herausgezogen
mitgehen

drei hände
sind
eine hand

vater
sohn
und heiliger geist

amen

12. April 2009

Ein Gott, der mich berührt und mich lebendig macht, ein
Gott, der zupackt und mich aus dem Dunkel des Todes ins
Leben holt, ein Gott, der mit mir geht und mir Freund ist. An
diesen Gott glaube ich, an einen Gott, der das Leben will, der
mein Leben, meine Lebendigkeit will. Und ich glaube daran,
dass es kein »Schönwettergott« ist, der nur für nette Fami-
lienfeiern taugt, sondern dass er all unsere Menschenwege
mitgeht.

Und er ist für mich der, dem ich glaube und vertraue –
und auf sein Wort hin bin ich bereit, immer wieder aufzubrechen, meinen, seinen, unseren Weg zu gehen – zum Tanz
des Lebens!

bewegt um zu bewegen

nicht mehr zuschauer sein
zupacken hand anlegen
den stein ins rollen bringen
bewegen wollen
machen tun

aber wenn ich bewegen will
muss ich bewegt sein
mich in das geheimnis geben
mutig sein und
mich verwandeln lassen

und den harten steinen trotzen
und dem langen atem trauen
und noch träumen können
und sehnsüchtig sein
und lieben lieben lieben

verletzbar und
verwundbar bleiben
leicht und fragil
und doch entschieden
frei

bewegt um zu bewegen

den stein aufweichen
und sei es mit tränen
zart bleiben
und sei es mit zorn

aber
die Dinge von innen bewegen

31. Oktober 2005

Wenn ich Gott mitgehen lasse, wenn ich seine Wege gehe –
dann bleibe ich dem Leben auf der Spur ... gestern, heute
und morgen – in Viernheim, zwischen Luxemburg und
Liechtenstein und im südlichen Afrika.

Und dann werde ich eines Tages mit Pablo Neruda, dem
chilenischen Dichter, sagen können:

Ich bekenne, ich habe gelebt!

Quellennachweis

S. 15: Luise Rinser, Mitte des Lebens. Roman © S. Fischer Verlag GmbH, Frankfurt am Main 1950.

S. 65: Nelson Mandela, Der lange Weg zur Freiheit. Autobiographie. © 1994 Nelson Rolihlaha Mandela. Deutsch von Günter Panske. © S. Fischer Verlag GmbH, Frankfurt am Main 1994.

S. 108: Sándor Márai, Himmel und Erde. © Piper Verlag GmbH, München 2001.

S. 123: Auszug aus: Hilde Domin, »Herbstzeitlosen«, in: dies., Gesammelte Gedichte. © S. Fischer Verlag GmbH, Frankfurt am Main 1987.

Andrea Schwarz, geboren 1955, ausgebildete Industriekauffrau und Sozialpädagogin, viele Jahre in der Gemeindearbeit, heute als gefragte Referentin und Trainerin tätig sowie ehrenamtlich bei Projekten der Mariannhiller Schwestern in Südafrika. Sie gehört zu den meistgelesenen christlichen Schriftstellern unserer Zeit. Zahlreiche, sehr erfolgreiche Veröffentlichungen im Verlag Herder.

Andrea Schwarz im Verlag Herder

Bunter Faden Leben · Mutmachtexte
160 Seiten | Geschenk-Taschenbuch · ISBN 978-3-451-07110-2
Zusammenstellung der lebendigsten Texte von Andrea Schwarz
aus 25 Jahren: Texte, die Mut machen, der eigenen Sehnsucht zu
vertrauen und Schritt für Schritt mehr Leben zu wagen.

Und jeden Tag mehr leben · Jahreslesebuch
400 Seiten | Gebunden mit Leseband · ISBN 978-3-451-32169-6
Diese Texte für jeden Tag des Jahres machen Mut, dem eigenen
Leben Zeit und Aufmerksamkeit zu schenken. Auf sehr persönliche Weise bringen sie den Glauben als eine Einladung nahe, eigene Schritte ins Leben zu wagen, damit aus Zeit – Leben wird.

Du Gott des Weges segne uns · Gebete und Meditationen
192 Seiten | Flexcover mit Leseband · ISBN 978-3-451-32099-6
Dieses Gebetbuch versammelt bekannte und beliebte, zum Teil
aber auch bislang unveröffentlichte Gebetstexte von Andrea
Schwarz aus über zwei Jahrzehnten in einem Band.

Wenn die Orte ausgehen, bleibt die Sehnsucht nach Heimat
Fragmente einer geerbten Geschichte
112 Seiten | Gebunden mit Schutzumschlag · ISBN 978-3-451-32192-4
Nachdem beide Eltern gestorben sind, entdeckt Andrea Schwarz
im Nachlass ihrer Mutter eine aus Lederflicken zusammengesetzte
Brieftasche aus einem dänischen Internierungslager für deutsche
Flüchtlinge. Sie findet eine Haarlocke ihres Bruders Klaus, 1945
auf der Flucht gestorben. Andrea Schwarz spürt nach, wie diese
»geerbte Geschichte« ihr eigenes Leben geprägt hat.

Ich mag Gänseblümchen · Unaufdringliche Gedanken
112 Seiten | Paperback · ISBN 978-3-451-28818-0
Der Bestseller von Andrea Schwarz! Das Geheimnis dieser kurzen,
einfachen Texte ist das der Gänseblümchen: Aus dem Alltag heraus und für den Alltag schreibt Andrea Schwarz unaufdringliche
Gedanken, die zu lesen oder zu hören einfach gut tut.

Der kleine Drache Hab-mich-lieb
Ein Märchen für große Leute
Mit Illustrationen von Thomas Plaßmann
128 Seiten | Gebunden mit Leseband · ISBN 978-3-451-32004-0
Sich selbst zu finden und angenommen zu werden, Ich zu sein
und Du zu sagen, Freunde zu gewinnen und anders sein zu dürfen – das zauberhaft illustrierte Märchen von der kleinen Dra-
chendame Hab-mich-lieb und dem Zauberer Moya macht Mut,
der eigenen Sehnsucht zu vertrauen.
Auch als Hörbuch, gelesen von Alexandra Maria Lara
Audio CD | ISBN 978-3-7831-3180-2

Vom Engel, der immer zu spät kam
Meine schönsten Weihnachtsmärchen
Mit Illustrationen von Thomas Plaßmann
144 Seiten | Gebunden mit Leseband · ISBN 978-3-451-32258-7
Die Weihnachtsmärchen von Andrea Schwarz: fröhlich und frech,
anrührend und amüsant, heiter und hintergründig. Zweifarbige
Geschenkausgabe mit neuen Illustrationen von Thomas Plaß-
mann.

HERDER

Andrea Schwarz im Verlag Herder

Wenn Chaos Ordnung ist

160 Seiten | Herder Spektrum Taschenbuch 6071

ISBN 978-3-451-06071-7

Das Chaos gehört zum Leben und ist nicht auszuräumen –
höchstens aufzuräumen. Nicht immer gelingt das. Manches
Chaos darf sein, manches Chaos muss durchlebt werden.
Andrea Schwarz lädt ein, mit Gegensätzen leben zu lernen.

Die Sehnsucht ist größer

Vom Weg nach Santiago de Compostela

192 Seiten | Herder Spektrum Taschenbuch 5756

ISBN 978-3-451-05756-4

Reflexionen und persönliche Bekenntnisse verwandeln diesen
Pilgerbericht in einen spirituellen Schatz, der Mut zur eigenen
Sehnsucht macht und so zum Pilgerweg des Herzens einlädt.

Die Bibel verstehen in 25 Schritten

Ein Durchblick-Buch für Neugierige

144 Seiten | Zweifarbig gestaltet | Paperback

ISBN 978-3-451-28534-9

Die Messe verstehen in 25 Schritten

Ein Durchblick-Buch für Neugierige

160 Seiten | Zweifarbig gestaltet | Paperback

ISBN 978-3-451-29390-0

Propheten sind wir alle · Die Botschaft des Buches Jona
144 Seiten | Paperback · ISBN 978-3-451-29236-1
Andrea Schwarz liest die Geschichte des Propheten, der vor
Gottes Auftrag flieht und von einem Wal verschluckt wird, wie
eine moderne Kurzgeschichte: als Erzählung einer Wende mit
offenem Ende. So wird das Jona-Buch überraschend aktuell: als
Anfrage und Modell für unsere je eigene Lebensgeschichte.

Unterwegs mit einem Engel
Mit dem Buch Tobit durch die Fastenzeit bis Ostern
160 Seiten | Gebunden mit Leseband · ISBN 978-3-451-32317-1
Überraschend aktuell erschließt die Autorin die biblische Erzählung des Buches Tobit für unsere Zeit: Es ist die Geschichte
eines Wegs zu neuem Leben, begleitet von guten Mächten.

Eigentlich ist Ostern ganz anders · Hoffnungstexte
160 Seiten | Gebunden mit Leseband · ISBN 978-3-451-32191-7
Alltagsnah und ehrlich, behutsam und zupackend ermutigt
Andrea Schwarz ihre Leser dazu, sich den Dunkelheiten des
Lebens zu stellen und offen zu werden für Auferstehung und
neues Leben.

Eigentlich ist Weihnachten ganz anders · Hoffnungstexte
160 Seiten | Gebunden · ISBN 978-3-451-29645-1
Jenseits von Kitsch und Kommerz erinnert sie auf alltagsnahe
und zum Teil verblüffende Weise an den Zauber und das
Geheimnis des Weihnachtsfestes.

HERDER

Umschlaggestaltung:
Weiß-Freiburg GmbH – Graphik & Buchgestaltung
Umschlagfotos:
Hintergrundfoto: © F1 Online, Frankfurt
Autorinfoto: © Martin Neudörfer, Viernheim

Autorinfoto Innenteil:
Verlag Herder GmbH / Stefan Weigand

Als Bibeltext ist in der Regel zugrunde gelegt:
Die Bibel. Die Heilige Schrift
des Alten und des Neuen Bundes.
Vollständige deutsche Ausgabe

DIE BIBEL

© Verlag Herder GmbH, Freiburg im Breisgau 2005

Druck und Bindung:
fgb · freiburger graphische betriebe
www.fgb.de

Gedruckt auf umweltfreundlichem,
chlorfrei gebleichtem Papier
Printed in Germany

ISBN 978-3-451-32326-3